SPSS 설문지 조사 방법: 기본과 활용

SPSS Questionnaire Survey Methods: from Basics to Practical Use

허 명 회

한나래아카데미

SPSS 설문지 조사 방법: 기본과 활용
SPSS Questionnaire Survey Methods: from Basics to Practical Use

지은이 | 허명회
펴낸이 | 한기철

2010년 9월 10일 1판 1쇄 펴냄
2014년 8월 20일 1판 4쇄 펴냄

펴낸곳 | 한나래출판사
등록 | 1991. 2. 25 제22-80호
주소 | 서울시 마포구 월드컵로3길 39, 2층 (합정동)
전화 | 02-738-5637 · 팩스 | 02-363-5637 · e-mail | hannarae91@naver.com
www.hannarae.net

ISBN 978-89-5566-106-4 94310
ISBN 978-89-5566-051-7 (세트)

* 이 도서의 국립중앙도서관 출판시도서목록(CIP)은 e-CIP 홈페이지(http://www.nl.go.kr/ecip)와 국가자료공동목록시스템(http://www.nl.go.kr/kolisnet)에서 이용하실 수 있습니다.
(CIP제어번호: CIP2010003041)

머리말 Preface

2002년 《SPSS 설문지 조사 입문》이 나온 이후 많은 분들이 호응해주셨다. 저자로서는 큰 보람이 아닐 수 없었다. 그러나 10년 가까이 세월이 지나고 보니 좀 낡아보여 더 좋은 책을 써야겠다는 욕심이 생겼다. 처음에는 기존 책을 약간씩 손을 보면서 부족한 부분을 고칠 생각이었다.

개정 작업이라는 것이 쉽지 않았다. 차라리 완전히 덮고 새로 쓰는 것이 좋겠다는 판단이 섰다. 그렇게 해서 이 책이 나왔다. 이 책은 기존 책과 거의 다르다. 다만, 기존 책에서 쓴 'K 대학과 Y 대학 여학생들의 소비성향과 성의식 조사' 사례와 조사자료 `Survey.sav`는 그대로 살렸다.

이 책의 기본 컨텐츠는 저자가 지난 수년간 SPSS Korea에서 방학 중 강의한 '설문지조사 방법론'에서 나왔다. 사회 각계각층에서 온 현업의 수강생들을 대상으로 한 3-4시간짜리 강의였다. 따라서 이 책은 저자의 강의를 저자 스스로가 문자화한 결과물로 볼 수 있겠다. 그 강의에서 SPSS UK에서 개발한 강의 교재를 참조한 바 있었다(*Survey Design Made Simple*, 2002). 알게 모르게 SPSS UK 교재의 흔적이 이 책에 많이 남아 있을 것이다.

옛 판과 마찬가지로 설명은 최대한 간결하게 하였다. `SPSS Statistics`의 사용법을 설명하는 부분도 그렇다. 독자들이 스스로 궁리하여 해결할 몫이 커진 셈이다. 이를 보완하고자 부록에 잡다한 읽을 거리를 모아 놓았다. 그러니 부록 마지막까지 다 읽어 보길 바란다.

이 책은 조사방법론의 입문 교재이다. 따라서 통계적 방법까지 포함할 수는 없었다. 통계적 방법에 대해서는 저자의 《SPSS를 활용한 통계적 방법론》을 보길 바란다(한나래출판사, 2008). 이 책보다 한 단계 높은 수준의 조사방법론에 대해서는 저자의 《조사방법론 강의》를 읽기 바란다(자유아카데미, 2010).

이 책은 통계조사를 해보고자하는 모든 독자들을 대상으로 한다. 따라서 통계학을 공부하고자 하는 학생뿐만 아니라 사회과학적 · 계량적 접근을 하는 모든 분야의 현업 연구자들에게 유용할 것으로 믿는다. 사회조사 분석사 시험을 위한 학습서로서도 가치가 있을 것으로 생각한다.

독자들의 학습을 위해, 책 본문에 사용된 실습 자료의 리스트를 책의 말미에 제시하였다. 이들은 컴퓨터 파일로 출판사 홈페이지에서 내려받을 수 있다(한나래출판사, `http://www.hannarae.net/`). 문제가 있는 경우에는 저자가 e-mail로 보내드릴 수 있다.

고려대학교 연구실에서

저자 드림(`stat420@korea.ac.kr`)

2010년 8월

차례 CONTENTS

1장. 조사란 무엇인가? ... 7

1. 조사란 무엇인가? / 7
2. 왜 조사를 하는가? / 7
3. 조사를 고려하는 요소들 / 8
4. 조사의 10 단계 / 8
5. 조사의 종류 / 9
6. 조사 윤리와 규범 / 9
7. 조사 사례 / 10

2장. 조사 기획 ... 13

1. 조사 목표 / 13
2. 모집단의 정의 / 13
3. 조사 방식의 선택 / 14
4. 조사의 반복성 / 17
5. 일정 관리 / 18
6. 조사 사례 / 18

3장. 표본추출 ... 19

1. 대표적 표본 / 19
2. 확률적 표본추출 / 19
3. 비확률적 표본추출 / 24
4. 표본크기 / 25

4장. 측정과 척도 ... 27

1. 측정의 수준 / 27
2. 평점 척도 / 28
3. 지수 / 29
4. 측정의 신뢰성 / 29
5. 측정의 타당성 / 31

5장. 설문 작성과 설문지 설계 ... 33

1. 설문 작성의 일반적 원칙 / 33
2. 좋지 않은 설문 / 34
3. 좋은 응답자료를 얻으려면? / 34
4. 자기기입식 설문지 / 35
5. 사례: K 대학과 Y 대학 여학생의 소비성향과 성의식 조사 / 36

6장. 무응답 ... 39

1. 무응답의 원인 / 39
2. 낮은 응답률이 갖는 문제 / 39
3. 무응답률의 최소화 / 40
4. 무응답률의 보고 / 40
5. 무응답자의 심리적·사회적 성향 / 41
6. 조사표본의 가중화와 결측값 대체 / 41

7장. 설문지 사전 테스트와 예비 조사 ... 43

1. 설문지 사전 테스트 / 43
2. 예비 조사 / 43

8장. 실사(實査) ... 45

9장. 자료 입력 ... 47

1. 코딩 설계 / 47
2. 자료 셋트 만들기와 열기 / 48
3. 자료 파일의 통계적 검토 / 51

10장. 자료 분석 ... 53

1. 통계적 집계와 기술 / 53
2. 표본 균형화를 위한 가중화 / 55
3. 교차표 분석 / 57
4. t-검정 / 58
5. 일반선형모형 / 59

6. 신뢰도 / 60
7. 상관 / 60

11장. 조사 보고서 ... 61

참고문헌 ... 63

부록 ... 65

A1. 유용한 웹 사이트 / 67
A2. 논제 / 69
A3. 여론조사 방법론 -과제와 전망- / 75
A4. 여론조사, 마법인가 과학인가? / 87
A5. SPSS Statistics 사용법 안내 / 91

실습 자료 ... 99

찾아보기 ... 101

1장. 조사란 무엇인가? INTRODUCTION

이 장은 서론에 해당하는 내용을 담고 있다. 조사(survey)의 기원은 인류 문명의 역사와 거의 같지만 조사의 과학화는 불과 100년 남짓하다. 여기서 조사의 과학화라고 함은 수리적 이론의 뒷받침, 그 과정의 객관성과 재현성 등을 칭한다. '비과학적 조사'는 의외로 현재에도 빈번하다. 불투명한 과정, 주관적 판단, 체계적 검증의 부재를 틈타 일과적 사이비 조사가 사회 정보로 유통되는 것이다. 과학적 조사와 비과학적 조사를 구별해내는 식견이 요구된다.

1. 조사란 무엇인가?

조사(調査, survey)는 모집단(母集團, population)에서 표본(標本, sample)을 취하고 설문지(questionnaire)와 같은 구조화된 서식을 통하여 표본 개체(個體, unit; 응답자, respondent)들에 관한 물리적 사실 또는 그들의 심리적 태도를 측정하는 정보 수집 방법이다.

- 대다수의 조사에서 표본은 모집단의 일부분이지만 센서스(census, 총조사)에서는 모집단과 표본이 동일하다.
- 조사는 구조화된 서식(structured form)을 사용한다. 이는 사전에 정의된 개념에 대한 측정을 의미한다. 상호대화적, 임기응변적, 조사자의 주관적 추측에 의한 정보수집은 허용되지 않는다. 설문지는 종이(paper)라기보다는 도구(instrument)이다.
- 조사 항목은 물리적 사실(physical fact) 또는 심리적 태도(psycholocial attitude)의 측정이다. 개별적 예견들을 종합하여 사실화하고자 하지 않는다.

2. 왜 조사를 하는가?

조사를 하는 목적은 정량적 정보(quantitative information)를 체계적으로 수집하기 위해서이다. 현대사회에서 정보는 지식(knowledge)의 원천이 된다. 다음과 같이 조사 목적을 구분할 수 있다. 이들은 상호배반적이지 않다. 조사의 대부분은 다목적(多目的, multipurpose)이다.

- 기술(記述, description): 사람들이 어떻게 생각하는가?(태도, attitude), 사람들이 무엇을 하는가?(행동, action)

- 설명(explanation): 변수 간 상관관계 또는 인과관계. 무엇(X)이 무엇(Y)에 영향을 주는가?

- 평가(evaluation): 시점 간 변화의 파악. 캠페인 또는 정책의 효과를 정량적으로 측정한다.

- 예측(prediction): 향후 관심변수 Y가 어떻게 될 것인가? 선거예측을 비롯, 구매율·시장점유율에 대한 예상값을 산출해낸다.

3. 조사에서 고려하는 요소들

조사의 대상과 규모, 항목, 조사 방식을 결정하는 데 있어 고려하는 요소들은 다음과 같다.

- 정보(information): 무엇을 왜 알고자 하는가? 조사항목을 정한다.

- 모집단(population): 자료수집 범위를 어디까지로 하는가?

- 비용(cost): 조사에는 비용이 수반된다. 예산은 얼마인가? 얼마만큼 조달할 수 있는가?

- 시간(time): 정보는 시간종속적이다. 일정 시점까지 정보를 획득하여야 한다.

4. 조사의 10단계

조사는 일련의 과정으로 엮어지는 프로젝트(project)이다.

- 정의(definition): 조사의 목적, 주요 항목과 모집단.

- 조사방식(survey mode): 면대면 조사, 전화조사, 우편조사, 웹 조사 등.

- 표본추출(sampling): 단순임의추출, 체계적 추출, 층화추출, 집락추출, 층화집락추출 등.

- 설문지(questionnaire): 조사항목의 구조화. 설문지는 측정도구이다.

- 사전 테스트(pre-testing)와 예비 조사(pilot survey): 설문지와 자료수집에 대한 사전적 검토.
- 자료수집(data collection): 실사(實査, field work).
- 자료 코딩, 편집과 정리(data coding, editing and cleaning): 수집자료를 분석에 투입하기 위한 사전 작업.
- 자료분석(data analysis): 자료요약, 탐색과 모형화
- 보고서 작성과 프리젠테이션(report writing and presentation)
- 검토(review): 다음을 위하여...

단계별로 질 확보(quality assurance)를 위한 효율적 관리가 필요하다. 조사의 총체적 질은 가장 취약한 단계의 것으로 정해진다.

5. 조사의 종류

조사는 크게 사회조사, 마케팅 조사, 경제조사, 기타로 분류된다.

- 사회조사(social survey)는 사회에 대한 조사이다. 여론조사(輿論調査, opinion survey)를 위시하여 각종 미디어 조사, 문화조사 등이 수시로 행해진다.
- 마케팅 조사(marketing survey)는 소비자 행태와 태도를 알기 위한 조사로 고객만족도 조사, 광고효과 측정, 제품 포지셔닝 조사 등이 있다.
- 경제조사(economic survey)는 정부 또는 중앙은행 등 공공기관이 기업과 가구를 대상으로 국가 운영에 필요한 경제적 정보를 획득하기 위해 실시된다.
- 인구·주택 총조사(census)는 모든 통계적 정보의 기본이다.

6. 조사 윤리와 규범

최근 우리나라에서는 1인 가구의 증가와 개인주의화 경향 등 조사환경이 조사자에 불리한 방향으로 변화하고 있다. 그러나 조사자가 지켜야할 윤리적 규범이 있다(한국조사연구학회 조사윤리강령 제6조).

1) 조사자는 조사대상자에게 응답을 강요하지 않고 기만하지 않으며 모욕하여 수치심을 유발하는 수단과 방법을 사용하지 않는다.

2) 조사자는 조사대상자의 사생활을 존중하고 익명성을 보장해 주어야 한다.

3) 조사자는 조사대상자가 자유의사로 조사를 거절하거나 도중에 중단할 수 있는 권리를 존중한다.

4) 조사자는 연구를 가장해서 판매나 정치적 선거운동과 같은 다른 행위를 하거나 자신들의 연구를 거짓으로 기술해서는 안 된다.

5) 조사자는 적법한 절차에 의한 조사결과를 사용할 때도 조사대상자의 비밀을 보호하는 윤리적 의무를 준수해야 한다.

조사자는 각자 나름대로 보호받고 싶은 노하우(know-how)와 정보가 있을 수 있으나 자료 사용자를 위하여 조사방법이나 조사결과를 보고함에 있어 다음 사항을 정확하게 밝혀야 할 의무가 있다(한국조사연구학회 조사윤리강령 제8조).

> 조사자, 조사의뢰자, 조사목적, 조사시기, 조사장소, 모집단과 표집틀, 표본크기 및 산정방법, 표집방법, 조사방법(면접조사, 전화조사, 우편조사, 인터넷조사 등), 설문지(질문내용), 재통화·재방문·재발송 횟수, 표본대체 규칙, 응답률, 표집오차, 가중치 부여 방식, 기타 조사 및 분석 절차에 관한 사항.

7. 조사 사례

유용하며 흥미로운 수많은 통계적 정보가 조사를 통해 수집되고 있다. 예를 들어 보면... (2010년 4월 현재)

- 선거여론조사: 조선일보 인터넷 뉴스(http://www.chosun.com).

  오세훈·한명숙 서울시장 가상 여론조사, '들쭉날쭉' 왜? 1심 판결 언급한 조사에선 지지율 더 높거나 차이 줄어. 한명숙 전 국무총리의 뇌물수수 혐의에 대한 1심 무죄판결 이후 실시된 서울시장 후보 여론조사 결과들이 조사기관마다 달라 혼란스럽다. 9일부터 12일까지 6곳의 기관이 한나라당 오세훈 시장과 민주당 한 전 총리를 상대로 가상대결 여론조사를 했는데, 오 시장이 20.9%포인트 우세한 결과부터 1.6% 포인트 열세까지 다양했다. 한 전 총리의 재판이 열렸던 9일 오후에 실시한 리서치뷰 조사에서는 한 전 총리가 오차범위 내에서 1.6%포인트 앞섰다. GH코리아, 리얼미터, 더피플 등의 조사에선 오 시장이 6.0–7.5%포인트 앞섰지만, 이전의 20%포인트가량 차이보다는 많이 줄어든 결과였다. 하지만 ARS(자동응답 전화조사 시스템)로 실시한 이들 4곳 조사와 달리 전화조사로 실시한 미디어리서치와 중앙일보 여론조사팀의 조사는 오 시장이 각각 18.7, 20.9%포인트 우세했고, 이전 조사와 큰 변화가 없었다. (조선일보 홍영림 기자, 2010/04/14)

- 시청률 조사: AGB닐슨미디어리서치와 TNS미디어코리아(TNmS).

  TV 시청률 조사는 피플미터(people meter)라는 전자기기로 이루어진다. 이 기기는 각 조사회사별로 전국 주요도시 2,000여 가구에 설치되어 있다. 피플미터의 핸드셋에는 개인별 버튼이 있어 가구원 중 누가 보는지를 입력하도록 되어 있다. '누가 언제 무엇을' 시청하였는가에 관한 자료는 피플미터 내에 일시적으로 보관되었다가 매일 일정 시각에 모뎀을 통하여 조사회사 컴퓨터로 전송된다. 이렇게 수집된 자료는 미리 준비된 통계 소프트웨어에 의하여 즉시 분석되어, 매일 아침 각 TV사의 PD 책상 위에 전날의 프로그램별 시청률 보고서가 놓이게 된다. 조사회사 홈페이지(http://www.agbnielsen.co.kr/, http://www.tnms.tv/)에 가면 일반인도 TV 프로그램에 대한 최근 시청률 동향을 살펴볼 수 있다.

- 소비자 패널 조사: 한국 닐슨(http://kr.nielsen.com/).

  소비자 패널 조사는 주로 가정에 설치된 스캐너를 통해 현재 전세계 24개국의 125,000여 가구의 구매 행태를 추적한다. 패널 정보는 소비자가 방문하는 모든 판매점에서 소비자가 구매한 내용을 알려주고 누가 구매하는지, 지불 방식은 무엇인지, 쿠폰을 사용하는지, 그리고 반복 구매자 프로그램에 참여하는지에 대한 정보를 제공한다. 이를 이용하여, 닐슨은 카테고리, 세그먼트 및 제품 단계의 실제 소비자 구매 행태를 밝혀내고, 시장 침투율, 구매율, 충성도, 구매 빈도, 인구통계학적 특성, 구매 간격, 반복 구매 및 브랜드 전환과 같은 브랜드 역학을 이해하는 데 필요한 기초정보를 산출해낸다. 이를 활용하면 다음과 같은 문제들에 대한 답을 제시할 수 있다: 누가 자사의 브랜드를 구매하는가? 소비자의 습관은 시간에 걸쳐 어떻게 변하는가? 자사는 자사의 목표 시장에서 실적을 올리고 있는가? 기타 등등.

- 경제활동인구조사: 통계청(http://www.kostat.go.kr)

  경제활동인구조사는 국민의 경제활동 즉, 국민의 취업, 실업 등과 같은 특성을 조사하여 거시경제 분석과 인력자원의 개발 정책 수립에 필요한 기초 자료를 제공하는 데 목적이 있다. 조사대상은 표본조사구 약 33,000 가구 내에 상주하는 매월 15일 현재 만 15세 이상인 사람들로서 현역군인 등은 제외된다. 경제활동참가율, 실업률, 고용률 등의 지표가 산출된다. 실업률은 소비자물가지수와 함께 우리나라의 경제적 상황을 모니터링하는 데 있어 가장 중요한 2대 지표이다.

- MicroTarget 시스템: 인포네트 코리아(http://www.infonetkorea.com/)

MicroTarget 시스템은 전국의 3,500여 개의 행정동(읍/면)과 40,000여 개의 우편번호 지역을 인구, 사회, 경제, 소비 행태에 따라 26개의 특성적 마켓 유형으로 분류하여 상권분석 및 타겟 마케팅에 B2C 기업들이 활용한다. 일종의 마이크로 마케팅 시스템으로서 미국에서 보편화되고 타겟마케팅에 유용하게 활용되고 있는 PRIZM, ClusterPLUS, MicroVision과 같은 지리인구적 라이프스타일 군집 시스템을 한국에 맞게 개발한 것이다. 각 군집은 군집의 핵심특성을 제시하는 군집이름과 특성적 라이프스타일 프로파일이 주어져 있고 생활수준에 의한 군집 순위 코드(최고 S1에서 최하 S26)가 주어져 있다. 예를 들면 군집 S1은 '압구정 일번지'의 프로필로서 아파트 붐 초기에 형성된 전국에서 교육수준이 가장 높은 중장년층 화이트칼라, 전문직들이 거주하는 대도시 아파트 밀집지역, 전국에서 생수, 위스키, 일식, 외제 화장품 소비성이 가장 높고 전국에서 해외 여행자수와 골프를 즐기는 가족이 제일 많으며 대형차 소유자도 전국에서 제일 많고 경제신문/잡지 구독률이 높고 TV 프로그램 중 뉴스 시청률이 매우 높다. 대표지역은 서울 서초구 서초2동, 부산 수영구 남천2동 등이다.

2장. 조사 기획 PLANNING

이 장은 목표의 설정, 모집단의 정의, 조사 방식(survey mode)의 선택 등 조사 계획에 해당하는 제 사항을 다룬다.

1. 조사 목표

조사의 목표는 명확해야 한다. 그러나 초기 단계에서는 막연하다. 따라서 조사 기획 및 추진 위원회를 구성하여 그룹에서 충분한 집단 토론을 통해 조사목표를 명확히 설정해야 한다. 한 사람은 전문가라도 자기 눈으로만 사물을 본다. 조사에서는 여러 눈에 의한 관찰이 더 바람직하다. 일단 목표가 정해지면 그것을 문서화한다. 그렇지 않으면 도중에 흔들리기 쉽다.

2. 모집단의 정의

기획의 초기 단계에서 추론의 대상이 되는 목표 모집단(target population)을 정해야 한다. 모집단의 범주는 조사 조직과 예산에 의해 제한된다는 점을 이해할 필요가 있다. 전국을 대상으로 하는 조사와 특정 시·도를 대상으로 하는 조사는 규모의 차원이 다를 수밖에 없다. 특정 계층(성·연령대·직업·제품구매자)을 대상으로 할 것인가, 일반인을 대상으로 할 것인가에 따라 조사 방식이 달라질 수 있다.

다음 절에서 다루겠지만 조사 방식에 따라 목표 모집단에 대한 접근 정도가 달라질 수 있다. 목표 모집단은 이상(理想, ideal)이고 실제로는 다른 집단에 접근된다. 이를 조사 모집단(survey population)이라고 한다. 예를 들어, 선거여론 조사에서 목표 모집단은 19세 이상 대한민국 국민이지만 실제 모집단은 전화번호부 등재가구 내 유권자로 제한되는 경우가 있다.

포함률(coverage rate) P_{cover}는 실제 조사되는 부분이 전체에서 차지하는 비율을 뜻한다. 즉, Ω_0를 목표 모집단이라고 하고 Ω_1을 조사 모집단이라고 할 때 포함률은 다음과 같이 정의된다.

$$P_{cover} = \frac{\#\ (\Omega_0 \text{ and } \Omega_1)}{\#\ \Omega_0}.$$

포함률이 100%가 아닌 한, 과소포함(under coverage)되는 부분이 있기 마련이다. 어떤 부분이 포함되지 않는지, 그 부분의 크기는 상대적으로 어느 정도인지를 모집단의 정의 단계에서 고려할 필요가 있다.

3. 조사 방식의 선택

자료수집 방식, 즉 조사 방식에는 면대면 조사, 전화조사, 우편조사, 웹 조사 등이 있다.

- 면대면 조사(面對面 調査, face-to-face survey): 면접원(interviewer)이 응답자(respondent)를 물리적 장소에서 만나 질문을 하고 응답을 받는 가장 전통적인 조사 방식이다.
- 전화조사(telephone survey): 면접원이 가구전화(landline telephone, fixed telephone)를 걸어 응답자에게 질문을 하고 응답을 받는 조사 방식이다. 최근에는 ARS(automatic response system) 조사와 휴대폰(mobile phone) 조사가 파생되었다. 이 책에서 (그리고 일반적으로) 가구전화 조사를 전화조사로 일컫는다.
- 우편조사(mail survey): 조사자가 응답자에게 우체국 우편(post-office mail)으로 설문지를 전달하고 응답된 설문지를 우체국 우편으로 돌려받는 방식의 조사이다. 최근에는 전자우편(e-mail) 조사가 파생되었다.
- 웹 조사(Web survey, Internet survey): 인터넷 웹 브라우저를 활용하여 조사자가 응답자에게 설문지를 제시하고 응답을 받는 방식의 조사이다.

각 조사 방식은 다음과 같은 1차적 특성을 갖는다.

- 면대면 조사: 고질(high quality) 고비용(high cost) 조사이다. 응답률(response rate)과 완결률(completion rate)이 높다.
- 전화조사(telephone survey): 신속성(rapidity)이 장점이다. 그러나 최근에는 사생활 침해의 문제가 제기되었다.
- 우편조사(mail survey): 저비용(low cost) 조사이다. 응답자가 숙고(deliberation, 熟考)하여 응답할 수 있으나 응답자 통제가 어렵다.
- 웹 조사(Web survey): 응답자 편의적 환경을 제공한다. 숙고가 가능하고 다채로운 시각적 설문지 제시가 가능하다.

조사 방식의 선택에 있어서는 다음 요소들을 고려해야 한다.

1) **응답률**(response rate)

- 정의: 목표 응답자 중에서 실제로 응답한 사람의 비율. 예컨대 1,000명의 응답자에게 설문지를 발송하여 251명의 응답 설문지를 회수하였다면 응답률은 25.1%가 된다.
- 우편조사의 응답률은 대체로 낮은 편이고 면대면 조사에서의 응답률은 대체로 높은 편이다. 응답률이 조사자료의 질을 나타내는 1차적 지표이기는 하지만 응답률에 관한 최소 기준(minimum standard)과 같은 것은 없다.
- 응답률이 낮은 조사는 표본의 대표성에 시비가 붙을 가능성이 있다. 무응답자의 성향이 응답자의 성향과 크게 다를 수 있기 때문이다.
- 응답률을 높이려면 재방문(revisit; 면대면 조사), 재통화(call-back; 전화조사), 재발송(2nd and 3rd mailing; 우편조사), 재협조 요청(2nd and 3rd request; 웹 조사) 등 조사자의 체계적 노력이 필요하다.

2) **설문(질문)의 복잡성**(question complexity)

- 전화조사로는 숙고(deliberation, 熟考)가 필요하거나 응답항 수가 많은 질문을 하기 어렵다. 그런 경우에는 보기 카드(show card)를 활용할 수 있는 면대면 조사, 질문과 응답항을 한 번에 볼 수 있는 우편조사나 웹 조사가 적절하다.
- 복잡한 조건의 건너뛰기가 있는 경우, 자기관리(self-administeration)가 요구되는 우편조사는 부적절하다. 그런 경우는 자동 건너뛰기가 가능한 웹 조사가 더 적절하다.

3) **설문지의 길이**(questionnaire length)

- 설문지가 길수록 응답자의 집중력이 요구된다. 그런 조사는 면대면 조사가 바람직하다.
- 전화조사의 경우 설문 수는 작아야 한다(질문 수 $\leq$ 10). 응답자와 오랫동안 통화하기 어렵기 때문이다.
- 휴대폰 조사나 ARS 조사의 경우 설문 수가 더 작아야 한다(질문 수 ≤ 5).
- 우편조사의 경우 설문지가 길수록 상응하는 인센티브가 제공되어야 한다. 요구되는 노력에 비하여 보상이 작다면 응답자는 협조하지 않을 것이다.

4) **지리적 산재성**(geographical dispersion)

- 표본 개체(응답자)가 지리적으로 산재되어 있는 경우 면대면 조사는 막대한 비용이 수반된다. 이런 경우에는 1개 조사지점에서 다수의 응답자를 면접조사할 수 있는 집락추출(cluster sampling)이 바람직하다(3장 참조).

- 전화조사, 우편조사, 웹 조사는 응답자가 지리적 산재되어 있더라도 아무 영향을 받지 않는다.

5) **조사 주제에 대한 응답자의 흥미**(respondent's interest in the survey topic)

- 조사 주제에 응답자가 흥미를 갖는 경우 응답자가 협조할 가능성이 높다. 반대의 경우 응답자의 협조를 받기가 쉽지 않다.

- 주요 언론사(전국 일간지, 공중파 TV 방송사)가 주관하는 사회여론조사는 응답자의 흥미를 끄는 편이다.

- ARS 조사나 우편조사는 응답자의 흥미를 끌기가 쉽지 않다.

- 조사 주제가 덜 흥미로우면 응답률은 낮아진다.

6) **민감한 질문**(sensitive questions)

- 응답자 개인의 사생활과 사회적 일탈 행위 등 민감한 질문이 있는 조사의 경우, 우편조사나 웹 조사와 같이 자기관리 방식의 조사는 적합하지 않다.

- 면대면 조사와 전화조사와 같이 면접원이 있는 경우, 응답자는 면접원을 사회적 존재(social presence)로 인지하므로 솔직한 응답이 나오기 어렵다. 이에 따라 응답편향(response bias)이 초래된다.

- 예: 성(性, sex)에 관한 태도 및 행태(behavior), 시험부정, 폭행, 마약 등.

7) **조사비용의 최소화**(minimizing cost)

- 우편조사는 저비용으로 가능하다. 그러나 우표 값만 드는 것은 아니다. 응답자에게 인센티브(사례품, 사례금)를 제공해야 한다.

- 면대면 조사는 고비용 조사이다. 면접원 인건비가 수반되기 때문이다.

- 전화조사와 웹 조사는 비용 측면에서 우편조사와 면대면 조사의 사이에 있다.

- 예: 면대면 조사의 표준 단가 40,000원. 전화조사의 표준 단가 10,000원.

8) **설문(질문) 순서가 중요한 경우**(importance in question ordering)

- 우편조사에서는 응답자의 설문 응답 순서를 제어할 수 없다.
- 웹 조사에서는 앞 질문에 대한 응답을 마쳐야 다음 질문으로 넘어갈 수 있게 설문지가 설계되어야 한다(page view 방식).
- 면대면 조사와 전화조사에서는 면접원이 질문 순서를 통제하므로 문제가 되지 않는다.

9) **응답자 통제가 필요한 경우**(need to control respondents)

- 우편조사와 웹 조사에서는 응답자 통제가 어렵다. 즉 응답자가 질문에 대한 응답을 다른 사람/정보원에서 얻는 것이 가능하다. 또한 대리응답도 가능하다. 응답자가 별 생각을 하지 않고 아무렇게나 응답하는 '건성 응답'(satisfice)에 대한 대책이 없다.
- 그런 경우에는 면대면 조사가 가장 좋다. 면접원이 응답자를 효과적으로 통제할 수 있기 때문이다.

10) **조사 방식에 따라 응답자 반응이 달라지는가?**

- 그런 설문도 있고 그렇지 않은 설문도 있다.
- 민감한 설문과 사회적 요망성(social desirability)이 내재된 설문의 경우는 그런 경우이다. 물리적 사실을 묻는 설문은 그렇지 않기가 쉽다. 요건은 응답자의 사회적 심리(sociological psychology)이다.

4. 조사의 반복성

동일한 조사를 정기적으로 반복함으로써 변화 양상을 살펴볼 필요가 있는 경우, 매 조사를 독립적으로 반복할 것인가, 아니면 동일 응답자를 재접촉하는 연결조사를 할 것인가를 선택해야 한다. 전자의 경우를 추적조사(tracking survey)라고 하고 후자의 경우를 패널 조사(panel survey)라고 한다.

- 추적조사보다는 패널 조사에서 변화의 양상을 더 정교하게 파악할 수 있다. 패널 조사에서는 동일 응답자를 비교 시점에서 조사하므로 평균 응답에서 차이가 있다면 그것은 시점 간 변화를 의미하기 때문이다. 그러나 추적조사에서는 평균 응답에서 차이가 있다고 하더라도 그것이 시점 간 변화인지 조사표본의 차이에서 기인하는지를 구분하기 어렵다.

- 패널 조사는 더 많은 비용과 노력이 든다. 패널 응답자에 대한 보상도 필요하지만 동일 응답자를 재접촉하는 작업이 쉽지 않기 때문이다.

- 패널 조사는 일반적으로 자료 질이 우수하지만 두 가지 취약점이 있다.

  1) 패널 이탈(panel attrition): 1차 조사의 응답자를 후속 조사에서 접촉하지 못하는 케이스가 생긴다. 또는 응답자가 자발적으로 패널에서 이탈하는 경우도 있다. 이에 따라 후속 조사의 표본 크기는 1차 조사의 표본크기에 비해 작게된다. 그 비율이 유지율이다.

  2) 패널 조건화(panel conditioning): 같은 내용의 설문이 반복되므로 응답자가 이로부터 영향을 받게 된다. 조사 주제에 대한 관심도가 증가하는 경우도 있고 피로도가 증가하여 무성의한 응답을 하는 경우도 있다.

5. 일정 관리

1장 4절에서 조사의 10단계 과정이 제시된 바 있다. 단계별 일정(schedule)을 기안할 필요가 있다.

6. 조사 사례

1장 7절에 소개된 다섯 조사 사례 중 두 사례에 대해 조사 방식을 살펴보기로 한다.

- 선거여론조사 [계속]: 조선일보 인터넷 뉴스.

  서울시장 선거에 대한 여론조사에서 리서치뷰, GH코리아, 리얼미터, 더피플 등의 4개 조사는 ARS 조사였다. 즉 자동응답기에서 녹음된 설문이 나오면 응답자가 자신의 응답을 해당 번호 버튼을 눌러 응답하는 방식의 조사였다. 반면, 미디어리서치와 중앙일보 여론조사팀의 조사는 전화조사였다. ARS 조사에 대하여 우려되는 점은 극히 저조한 응답률이 예상된다는 것이다.

- 시청률 조사 [계속]: AGB닐슨미디어리서치와 TNS미디어코리아.

  피플미터(people meter)에 의한 시청률 조사는 패널 조사이다. TV 시청자 측정(audience measurement)은 1년 365일 계속되므로 조사주기는 1일 24시간이라고 할 수 있다. 이탈 패널은 비슷한 가구로 대체된다. 이에 따라 패널 크기와 평균적 속성이 유지되는 편이다.

3장. 표본추출 SAMPLING

이 장은 표본추출의 목적과 방법(단순임의추출, 체계적 추출, 층화추출, 집락추출, 복합추출 등), 표본크기 등을 다룬다.

1. 대표적 표본

모집단을 가장 잘 알 수 있는 방법은 전체를 조사하는 센서스(census, 전수조사/총조사)이지만, 센서스는 많은 비용을 초래하고 막대한 시간을 요구한다. 따라서 한 나라의 인구와 같이 중대 국가적 사항이 아니라면 센서스는 실제 시행이 어렵다. 일정한 비용과 시간 내에서 통계적 정보가 필요하다면 현실적인 방법은 모집단의 일부, 즉 표본(標本, sample)을 조사하는 것이다.

좋은 표본은 모집단을 대표하는 표본이다. 물론 '부분'(표본)으로 '전체'(모집단)를 쪽집게처럼 맞출 수는 없다. 그럼에도 불구하고 대표성(representativeness)이 높은 표본을 뽑는 것이 모든 통계조사자들의 목표이다. 대표적 표본은 중심(center)과 산포(spreadness) 등 주요 특성에서 모집단과 닮아야 한다.

2. 확률적 표본추출

대표적 표본을 확보하는 최선의 방법은 표본추출을 확률적으로 하는 것이다. 조사자의 판단에 의해 일부 개체를 취사선택(取捨選擇)하면 그것은 객관성을 요구하는 현대 과학에 정면으로 배치된다. 동시에 조사자의 판단은 한 쪽으로 치우친 결과를 초래하기 십상이다(과소/과다 추정). 그런 이유로 확률적 표본추출이 표본추출법의 정통으로 자리매김되었다.

확률적 표본추출을 하려면 모집단을 리스트화(化) 또는 구조화를 할 수 있어야 한다. 그것을 프레임(frame)이라고 한다.

단순임의표본추출(simple random sampling)

단순임의표본추출은 항아리에 N장의 일련번호가 적힌 카드를 넣고 잘 섞은 다음 그 중에서 중복을 허락하지 않고 $n\,(\leq N)$장의 카드를 한 장씩 꺼내는 방법이다. 여기서 N은 모집단의 크기이고 n은 표본의 크기이다.

- 전제: 모집단 모든 개체의 리스트가 가용(可用)하고 일련번호화할 수 있다.
- 항아리에 카드를 넣고 섞고나서 한 장씩 뽑는 일은 실제로는 거의 없다. 그 일은 컴퓨터 모의시행(simulation)으로 대체된다.

체계적 추출(systematic sampling, 계통추출)

일련번호화된 모집단 리스트에서 일정 간격 $k\,(=\frac{N}{n})$의 번호를 뽑아 그 번호의 개체를 조사하는 방법이다. 첫 번호는 $1,\cdots,k$ 가운데 1개를 임의 선택한다.

수치 예: $N = 100,000$이고 $n = 500$인 경우 추출간격 k는 200으로 결정된다. 즉 200개 개체 가운데 1개 꼴로 조사하면 된다. $1,\cdots,200$ 중에서 임의로 1개를 뽑은 결과 그것이 118번이었다면 표본은 다음 번호에 해당하는 500개 개체로 구성된다.

$$118,\ 318,\ 518,\ 718,\ 918,\ \cdots,\ 99918.$$

이 방법은 단순임의표본추출에 비교하여 단순하다. 또한 일련번호에 따라 모집단 개체들이 일정한 경향성을 갖는 경우 이 방법으로 더 균형화된 표본을 확보할 수 있다.

예를 들어 모집단 일련번호가 나이 순서인 경우 일정간격의 추출로써 나이가 적은 사람과 나이가 많은 사람들을 거의 완벽한 비례로 확보할 수 있다. 대통령 선거, 국회의원 선거, 지방선거 등에서 나이가 많은 사람들은 오전 일찍 투표하는 경향이 있고 나이가 적은 사람들은 오후 늦게 투표하는 경향이 있다. 지상파 방송사의 투표일 출구조사(exit poll)의 방법은 추출간격 k가 5(또는 6)인 체계적 추출인데, 이로써 투표자의 나이 분포가 거의 정확히 반영된 조사표본을 얻게 된다.

층화임의표본추출(strafified random sampling)

모집단(population)이 상호 이질적인 부(副)그룹(subgroup)들로 구성된 경우 층화임의표본추출은 각 부그룹에서 독립적으로 임의표본추출을 하여 총 표본을 확보하는 방법이다. 이 방법의 장점은 1회의 조사로써 모집단에 대한 정보 외에 부그룹(=층(層, stratum))들에 대한 정보가 산출된다는 점과 보다 신뢰적인 모집단 추정이 가능하다는 점이다.

예를 들어 서울특별시 소재 모든 가구를 모집단으로 '생활실태조사'를 한다고 하자. 서울시는 25개 구(區)로 구성되어 있는데 구 간 경제적 수준, 문화적·정치적 성향이 다르다는 점은 잘 알려져 있다. 단순한 임의표본추출을 하게 되면 일부 구의 과소/과다 현상이 불가피한데 이로부터 서울시 전체에 대한 추정치가 불안정해지는 결과가 초래된다. 그런데 '구'를 층으로 하는 임의표본추출에서 각 구는 조사자의 통제하에 있으므로 그런 불안정성을 사전에 차단할 수 있다.

모집단이 H개의 층으로 분할되었다고 하자. 총 표본의 크기를 n이라고 할 때, 층 $h\,(=1,\cdots,H)$에 배정하는 표본크기 n_h를 구하는 방법에는 다음과 같은 것들이 있다($n=\sum_{h=1}^{H} n_h$). 아래에서 N_h는 층 h의 크기, S_h는 층 h의 산포이고 C_h는 층 h내 1개 개체의 조사비용이다($h=1,\cdots,H$).

- 비례배정(proportional allocation):

$$n_h = n \cdot \frac{N_h}{N}, \quad h=1,\cdots,H.$$

- 네이만 배정(Neyman allocation):

$$n_h = n \cdot \frac{N_h\,S_h}{\sum_{h=1}^{H} N_h\,S_h}, \quad h=1,\cdots,H.$$

- 최적배정(optimal allocation):

$$n_h = n \cdot \frac{N_h\,S_h\,/\sqrt{C_h}}{\sum_{h=1}^{H} N_h\,S_h\,/\sqrt{C_h}}, \quad h=1,\cdots,H.$$

수치 예 1: 모집단이 2개 층으로 분할되었다고 하자. 층 1의 크기는 $N_1=20,000$이고 층 2의 크기는 $N_2=80,000$이라고 하자. 총 표본의 크기가 $n=1,000$으로 정해진 경우 비례배정 방법에 따라 층 1에 $n_1=200$의 표본이, 층 2에 $n_2=800$의 표본이 배정된다.

수치 예 2 (계속): 층 1과 층 2의 산포에 대한 정보를 구해본 결과 층 1의 표준편차는 $S_1=4$로, 층 2의 표준편차가 $S_2=1$로 추정되었다면, 네이만 배정 방법에 따라 층 1과 층 2에 다음 크기의 표본이 배정된다.

$$n_1 = 1,000 \cdot \frac{20,000\cdot 4}{20,000\cdot 4 + 80,000\cdot 1} = 500,$$

$$n_2 = 1,000 \cdot \frac{80,000\cdot 1}{20,000\cdot 4 + 80,000\cdot 1} = 500.$$

수치 예 3 (계속): 추가적으로 층 1과 층 2에서 단위조사비용이 다른 것으로 밝혀졌다고 하자. 층 1에서 1개 개체 조사비용이 $C_1=4$이고, 층 2의 1개 개체 조사비용이 $C_2 = 1$로 추산되었다면, 최적배정 방법에 따라 층 1과 층 2에 다음 크기의 표본이 배정된다.

$$n_1 = 1{,}000 \cdot \frac{20{,}000 \cdot 4\,/\sqrt{4}}{20{,}000 \cdot 4\,/\sqrt{4} + 80{,}000 \cdot 1\,/\sqrt{1}} = 333,$$

$$n_2 = 1{,}000 \cdot \frac{80{,}000 \cdot 1\,/\sqrt{1}}{20{,}000 \cdot 4\,/\sqrt{4} + 80{,}000 \cdot 1\,/\sqrt{1}} = 667.$$

집락표본추출(cluster sampling)

모집단 또는 부그룹의 개체들을 단번에 리스트하는 일은 쉽지 않다. 예컨대 서울시 또는 서울시 성북구의 모든 가구들을 리스트하는 일은 거의 불가능에 가깝다. 그렇지만 서울시 또는 서울시 성북구 내 동(洞)들을 리스트하는 일은 상대적으로 훨씬 쉽다. 이에 따라 리스트에서 가구를 직접 추출하는 대신 첫 단계에서는 일정 수의 동을 추출하고 다음 단계에서 추출 동 내 가구를 추출하는 방법을 고려할 수 있다.

이와 같은 개체들의 덩어리를 집락(集落, cluster)이라고 하고 집락을 추출한 다음 추출 집락에서 최종 단위를 추출하는 표본추출법을 집락표본추출이라고 한다. 집락은 가급적 상호유사하도록 구성되어야 표본추출이 효율적이 된다. 이 점에서 층 구성과 대조된다. 예를 들어 구(區)들은 이질적일수록, 구 내 동(洞)들은 균질적일수록 층화 집락표본추출(stratified cluster sampling)의 효율성이 높아진다.

집락표본추출은 3단계 이상으로 구성되기도 한다. 예를 들어 제1 단계에서는 동(洞)을 추출하고, 제2 단계에서는 통(統)을 추출하고, 제3 단계에서 최종추출개체인 가구를 추출하는 조사의 경우 3단계 표본추출이 사용된 것이다. 또 하나의 예로서 전국 고등학교 3학년 학생들이 '사교육 실태조사'에서 제1 단계에서 학교를, 제2 단계에서 학급을, 제3 단계에서 학생을 조사하는 경우도 역시 3단계 표본추출이다.

집락표본추출은 면대면 조사(face-to-face survey)에서 매우 효과적이다. 면접자의 이동 거리가 단순임의추출에 비해 훨씬 적기 때문이다. 그러나 집락들이 상호 이질적일수록, 즉 집락 간 변이가 집락 내 변이에 비해 클수록, 이점이 약화된다.

복합표본추출(complex sampling)

실제로 대부분의 표본추출은 여러 방법이 복합적으로 결합되어 사용된다. 그런 표본추출을 복합표본추출이라고 한다. 층화 집락표본추출이 대표적인데, 이는 모집단을 층화하고 각 층에서 집락표본추출을 하는 방법이다. 그 중 집락표본추출이 3단계 이상으로 구성되는 경우를 층화 다단계 표본추출(stratifed multi-stage sampling)이라고 한다. 층화집락표본추출의 마지막 단계에서 임의추출 대신 체계적 추출이 사용되는 경우도 있다(방송사 선거일 출구조사).

	Name	Type	Width	Decimals
1	sequence	Numeric	8	0
2	select	Numeric	8	0
3				
4				
5				
6				
7				
8				
9				
10				

그림 1: SPSS Data Editor의 Variable View 탭

복합표본추출에서는 여러 단계 추출확률과 가중치를 고려하여 모집단 추정치를 산출해야 하는데 그 공식이 상당히 복잡하다. SPSS Complex Samples은 일반 조사자를 위한 소프트웨어 모듈이다.

SPSS에서의 임의번호 생성

어느 확률적 표본추출에서도 임의번호 생성 알고리즘을 활용하면 임의표본을 깔끔하게 확보할 수 있다. 다음은 SPSS로 $N\,(=10,000)$개 개체 중에서 $n\,(=10)$개 개체를 임의추출하는 방법이다.

- Data Editor의 Variable View 탭에 들어가 변수 sequence와 변수 select를 만든다. 그림 1을 보라.

- Data View 탭으로 옮겨 sequence의 첫번째 셀에 1을, 10번째 셀에 10을 넣는다(일련번호).

- Transform 메뉴에서 Compute Variable...에 들어가 다음을 계산한다.

  ```
  select = rnd(uniform(1)*10000+0.5)
  ```

  여기서 uniform(1)은 0과 1 사이의 균일 임의 수(uniform random number)를 생성하는 함수이고 rnd()는 반올림 함수이다.

- 그 결과로 Data Editor의 Data View 탭에 그림 2와 같은 결과를 얻는다.

- select에 같은 값이 있는 경우에는 다시 Compute Variable을 실행한다.

	sequence	select	var	var
1	1	1397		
2	.	4314		
3	.	6122		
4	.	2908		
5	.	1558		
6	.	6996		
7	.	3463		
8	.	4457		
9	.	525		
10	10	1033		

그림 2: SPSS Data Editor의 Data View 탭

3. 비확률적 표본추출

확률적 표본추출이 표본추출의 원칙이지만 그렇게 할 수 없는 경우가 있다. 대표적으로는 확률적 표본추출을 하기에는 표본크기가 너무 작은 경우이다. 이런 경우에는 경험 많은 조사자가 대표적이라고 생각되는 개체들을 선택하여 조사표본을 구성하는 '판단표본추출'(judgement sampling)에 이견(異見)을 달기 어렵다. 여기서는 그 외의 비확률적 표본추출 두 가지를 소개하고 주의할 점을 지적하고자 한다.

할당표본추출(quota sampling)

할당표본추출은 성 · 연령대 · 지역 등 주요 인구지리적 범주에 모집단 비율에 따른 표본크기를 배정하고 그 범위 내에서 조사를 진행하는 방법이다. 따라서 일부 범주에 표본크기가 충족되었으면 그 범주에 속하는 개체는 더 이상 조사하지 않는다. 주요 범주에 대해서는 비례배정을 하는 셈이므로 표본 분포가 모집단과 일치한다.

할당표본추출의 약점은 조사자가 직접 통제하지 않은 그밖의 요인에서 표본과 모집단 간 차이가 상당할 수 있다는 점이다. 예컨대 학력이나 직업 등에서 그런 편차가 나타날 수 있다. 그렇게 되는 이유는 조사가 편의적으로 주로 낮시간 대에 진행되는데, 이런 시간에 집에 있는 사람들과 그렇지 않은 사람들은 성 · 연령대 · 지역이 통제되더라도 사회적 요인의 분포가 다를 수 있기 때문이다.

성 · 연령대 · 지역 할당표본추출은 우리나라 전화조사에서 매우 광범위하게 쓰이지만 그 정확성에 대하여는 끊임없이 의문이 제기되고 있다. 할당표본추출이라 하더라도 재통화(callback) 기준을 정하여 최대한 응답률을 높여야 한다. 그럼으로써 표본의 편향성을 어느 정도 바로잡을 수 있다.

자기선택표본추출(self-selected sampling)

인터넷 조사와 휴대폰 조사 등에서는 모집단 프레임을 잡기가 어렵기 때문에 자원자를 모집하여 그 중에서 조사자가 표본으로 선택하는 방법이 쓰이기도 한다. 그런데 이런 표본추출 방법은 자원자들이 보이는 특유의 성향 때문에 표본크기를 크게 하더라도 조사결과가 일반 사회조사의 결과와는 다를 가능성이 있다. 따라서 일반 사회조사에서 특별한 대책 없이 자기선택표본을 사용하는 것은 위험천만하다.

'성향조정가중법(propensity adjustment weighting)'은 일반인들의 성향 대비 자원자들의 성향적 차이를 가중치화하여 자기선택표본 개체들에 적용하는 방법이다(허명회, 2010; 3장, 4장). 이 방법의 적용을 위해서는 확률적 표본추출방법에 의한 신뢰적인 준거조사(reference survey)가 요구된다.

4. 표본크기

표본의 크기를 정하는 문제는 승용차 크기를 정하는 문제와 매우 유사하다. 큰 차가 남 보기에 좋겠지만 비경제성을 초래한다. 마찬가지로, 표본의 크기를 크게 하는 것이 좀더 정확한 결과를 내겠지만 당연하게도 비용 증가를 수반한다. 요구되는 조사결과의 정확도에 따라 표본크기가 어느 정도 되어야 하는지를 알 필요가 있다.

단순임의표본추출에서 모집단의 표준편차를 σ(sigma)라고 하고 모평균 추정에서 요구되는 허용오차한계가 δ(delta)인 경우 이를 위해 필요한 표본크기는

$$n \geq \left\{ \frac{z_{\frac{\alpha}{2}}}{\delta/\sigma} \right\}^2 \tag{1}$$

이다 (신뢰수준 $1-\alpha$). 여기서 $z_{\frac{\alpha}{2}}$는 표준정규분포에서 상위 $\alpha/2$ 분위수이다 (95% 신뢰수준의 $z_{\frac{\alpha}{2}}$는 1.96 (= 2)).

예컨대 신뢰수준 95%에서 요구되는 표본크기는 δ/σ가 0.1인 경우 $n \geq \left\{\frac{2}{0.1}\right\}^2$, 즉 400 이상이다. δ/σ를 0.05로 2배 강화하면 n은 4배인 1,600 이상이어야 한다.

단순임의표본추출에서 비율 추정의 경우 모집단 표준편차는 최대 0.5이므로 허용오차한계가 δ(delta)인 경우 신뢰수준 95%에서 필요한 표본크기는

$$n \geq \left\{ \frac{1}{\delta} \right\}^2 \tag{2}$$

이다. 예컨대 δ가 5%p인 경우 $n \geq \left\{\frac{1}{0.05}\right\}^2 = 400$, δ를 2.5%p로 2배 강화하면 n은 4배인 1,600 이상이어야 한다.

이상은 단순임의표본추출에 적용되는 표본크기이다. 실제 표본추출은 그보다 복잡한 방법으로 수행된다. 일반적으로 층화는 오차한계를 감소시키지만 집락화는 오차한계를 증폭시킨다. 따라서 앞의 공식은 일종의 가늠자로서만 가치가 있다.

식 (1)과 식 (2)는 주어진 표본크기 n에서 가능한 오차한계 δ의 범위를 알려주기도 한다. 즉 모평균 추정에서

$$\delta \leq \sigma \cdot z_{\frac{\alpha}{2}}/\sqrt{n}$$

이고 비율 추정의 경우에는

$$\delta \leq 1/\sqrt{n}$$

이다(신뢰수준 95%). 예컨대, 비율 추정에서 크기 $1,000 (= n)$의 표본으로 가능한 오차한계는 신뢰수준 95%에서 최대 3.2%p $(= \frac{1}{\sqrt{1,000}})$이다.

4장. 측정과 척도 MEASUREMENT AND SCALE

이 장에서는 조사에서 활용되는 척도(尺度, scale)의 유형을 설명하고 측정(測定, measurement)의 신뢰성과 타당성 등 제 이슈를 다룬다.

1. 측정의 수준

설문지 조사에서는 개별 응답자들에서 얻은 관측을 일정한 방식으로 기록할 필요가 있다. 그 방법은 수치화이다. 예를 들어 "귀하의 나이는 몇 세이십니까?"에 대한 응답을 받으면서 그것을 연(年) 단위로 할 것인지, 아니면 그것을 10년 간격으로 묶어 범주화할 것인지를 결정해야 한다.

측정(測定, measurement)은 관측의 수치적 기록이다. 측정 결과는 수치이지만 여기에 4개 수준이 있다:

- 명목척도(nominal scale). 수치값(코드)이 비순서화된 범주를 나타내는 경우

  예: 귀하의 직업은?

  1) 농업/광업 2) 자영업 3) 화이트컬러 4) 블루컬러
  5) 가정주부 6) 학생 7) 무직

- 순서척도(ordinal scale). 수치값(코드)이 순서화된 범주를 나타내는 경우

  예: 귀하는 내각책임제를 찬성하십니까?

  1) 적극 찬성한다.
  2) 찬성하는 편이다.
  3) 찬성도 반대도 아니다.
  4) 반대하는 편이다.
  5) 적극 반대한다.

- 구간척도(interval scale). 2개 수치값의 차이가 실제 의미를 갖는 경우

  예: 가장 선호하는 실내 기온은 몇 도입니까? 섭씨 ____ 도

- 비 척도(ratio scale). 2개 수치값의 비(比, ratio)가 실제 의미를 갖는 경우

  예: 귀하는 지난 1개월 동안 몇 권의 책을 읽으셨습니까? ____ 권

측정의 수준에 따라 구할 수 있는 통계나 변수 변환의 종류가 다르다. 명목척도의 변수에 대하여는 범주별 빈도를 구하는 것 정도가 가능하다. 순서척도의 변수에 대하여는 범주별 빈도 외에 누적 빈도를 구할 수 있다.[1] 구간척도의 변수에 대하여는 평균과 표준편차 등을 구할 수 있다. 마지막으로 비 척도의 변수에 대하여는 그 외에 비를 구하는 것이 가능하다.[2]

2. 평점척도

응답자에게 그들의 태도를 평가점수의 형태, 즉 평점척도(評點尺度, rating scale)로 요구하는 경우가 있다. 대표적인 것이 5점 척도(five-point scale)인데, 이것은 앞 절에서 순서척도의 예로 나타나 있다. 같은 질문에 대하여 다음과 같이 눈금을 넣은 자에 개별적 응답을 표시하도록 하기도 한다.

	적극찬성	찬성	중립	반대	적극반대
귀하는 내각책임제를 찬성하십니까?	+ - - -	+ - - -	+ - - -	+ - - -	+

5점 척도에서는 중간항(3점)이 과다하게 선택되는 경향이 자주 나타난다. 그 이유는 응답자들이 자신의 생각을 명확히 밝히는 것을 기피하기 때문이다(건성응답, satisficing). 그렇게 되는 것을 막기 위하여 의사결정이 필요한 시점에서 시행되는 설문지 조사에서는 5점 척도에서 중간항을 없앤 4점 척도를 사용하기도 한다.

	적극찬성	찬성	반대	적극반대
귀하는 내각책임제를 찬성하십니까?	+ - - -	+ - - -	+ - - -	+

5점 척도 대신 7점(9점) 척도를 사용하는 경우도 있다. 수(數)직선 상에 5개의 점 대신 7개(9개)의 점을 제시하여 응답자로 하여금 자신의 태도에 가장 가까운 점을 표식하도록 하는 것이다.

7점(9점) 척도에서는 응답자들이 더 세분화된 척도에서 자신들의 태도를 표현할 수 있다. 이것이 일반인 대상의 조사에서는 오히려 부담을 초래할 수 있지만 전문인 대상의 조사에서는 효력을 발휘할 수 있다. 예컨대 의사·약사 등을 대상으로 정부의 의료정책에 대한 의견조사를 하는 경우이다.

---

1 분석자에 따라서는 평균을 구하는 경우도 있으나 이에 대하여는 논란이 있을 수 있다.

2 A 그룹이 선호하는 최적 실내기온이 평균 섭씨 20도이고 B 그룹이 선호하는 최적 실내기온이 평균 섭씨 25도라고 할 때 "두 그룹 간 비가 80%(= 20/25)로 나타났다"고 말하는 것은 아무 의미가 없다. 그러나 A 그룹이 지난 1개월 간 읽은 책이 평균 2.0권이고 B 그룹이 평균 2.5권이라고 할 때는 "두 그룹 간 평균의 비가 80%(= 2.0/2.5)로 나타났다"고 말할 수 있다.

평점척도는 측정 수준에서 순서형에 해당한다. 따라서 범주별 빈도와 누적 빈도가 계산가능하고 평균을 구하는 경우도 있다.

평점척도는 리커트 척도(Likert scale)라고도 한다. 동일 평점척도의 설문들을 묶어 행렬 형태로 제시되는 것이 보통이다(설문 → 행, 응답 → 열).

3. 지수

2개 이상의 개별척도를 결합하여 만든 복합측도(composite measure)를 지수(指數, index)라고 한다.

예 1: 소득수준, 교육, 직업 등을 묶어 10점 척도의 '사회경제적 지위'(socioeconomic status)가 정의된다.

예 2: 시험점수(exam score)는 시험지 내 p개 문항들의 가중 합으로 정의된다.

예 3: 소비성 지수를 다음 5개 응답의 합으로 정의한다.

* 1=전혀 그렇지 않다. 2=그렇지 않다. 3=보통이다. 4=그렇다. 5=아주 그렇다.

1) 나는 멋있는 옷을 사는 데 돈을 아끼지 않는다.	1	2	3	4	5
2) 나는 맛있는 식사를 하는 데 돈을 아끼지 않는다.	1	2	3	4	5
3) 나는 전자제품을 사는 데 돈을 아끼지 않는다.	1	2	3	4	5
4) 나는 TV/신문 광고를 자세히 보는 편이다.	1	2	3	4	5
5) 나는 최근 유행에 민감한 편이다.	1	2	3	4	5

4. 측정의 신뢰성

지수 또는 척도의 일관성(consistency)을 측정의 신뢰성(reliability)이라고 한다. n개 개체 각각에 대하여 2회의 독립적인 측정 X_1과 X_2가 이루어졌을 때 상관계수 $\mathrm{cor}(X_1, X_2)$를 의미한다.

예를 들어 신장(height)을 자동 측정하는 계기에 대하여 신뢰성을 알고자 한다면 100명(또는 1,000명)의 사람들의 신장을 2번씩 측정하여 X_1과 X_2를 획득한 다음 상관계수 $\mathrm{cor}(X_1, X_2)$를 구하면 된다.

어떤 측정의 경우에서는 독립적인 2회 측정이 어렵다. 예컨대 대입수학능력시험의 경우이다. 제1차 측정 과정에서 일부 문항이 기억되어 제2차 측정에 영향을 주기 때문이다. 이런 경우에서도 신뢰성에 대한 앞의 정의는 개념적으로 유효하다.

설문지 조사의 경우, 독립적인 2회 측정이 어렵기 때문에 내적 일관성(internal consistency)의 방법으로 신뢰성을 추정한다. 이 방법은 1) p개의 동일 척도로 지수가 정의된 경우 2) 그 지수의 신뢰성은 개별 응답 간 상관계수가 클수록 증가한다는 점을 활용한다.

크론바흐 알파(Cronbach's alpha)는 대표적인 내적 일관성 지표인데, 모든 척도가 같은 산포를 갖도록 표준화된 경우, 알파는 다음과 같이 표현된다[스피어만-브라운 공식].

$$\alpha = \frac{p \cdot \bar{r}}{1 + (p-1)\,\bar{r}}, \tag{1}$$

여기서 p는 지수를 구성하는 개별 척도의 수이고 $\bar{r}$는 척도 간 평균 상관계수이다. α는 0과 1 사이의 값을 취한다.

수치 예: 척도 간 상관이 0.5이고 척도 수가 $2\,(=p)$인 경우, α는 $0.67\,(=\frac{2 \cdot 0.5}{1+1 \cdot 0.5})$이다. 그러나 척도 수가 설문 수 $5\,(=p)$인 경우에는, α는 $0.83\,(=\frac{5 \cdot 0.5}{1+4 \cdot 0.5})$으로 증가한다. 이와 같이 크론바흐 α는 p가 클수록 증가한다. 그런 이유로 신뢰성이 큰 지수를 만들기 위하여 성분 척도의 수 p를 일정 수 이상이 되도록 한다.

일반적으로, 크론바흐 알파는 다음과 같이 산출된다.

$$\alpha = \frac{p}{p-1} \cdot \left\{1 - \frac{\sum_{j=1}^{p} Var(X_j)}{Var(\sum_{j=1}^{p} X_j)}\right\}. \tag{2}$$

대체로, 크론바흐 알파가 0.8 이상이면 지수가 충분히 신뢰적인 것으로 보고 0.6 미만이면 지수의 신뢰성이 부족하다고 본다.

SPSS에서의 신뢰성 계수

SPSS에서 크론바흐 알파를 구하는 방법을 자료 예에 맞춰 설명하기로 한다.

예제 자료는 `five_items.sav`로 100명이 5점 척도로 응답한 소비성 문항 X1, X2, X3, X4, X5 자료이다. '소비성 지수'는 5개 문항 응답의 합으로 정의한다.

1) `SPSS Analyze` 메뉴에서

   `Scale ▶ Reliability Analysis`에 들어간다.

2) `Reliability Analysis` 창에서 5개 변수를 `Items`에 넣는다.

   `Statistics` 선택박스에 들어가 `Scale`과 `Correlations`에 √ 표시를 넣는다.

출력 창에 다음과 같은 결과가 나타날 것이다.

```
Cronbach's Alpha                                    0.770
Cronbach's Alpha Based on Standardized Items        0.771
```

앞의 것은 식 (2)에 의한 소비성 지수에 대한 알파 계수이고 뒤의 것은 식 (1)에 의한 소비성 지수(표준화 항목 합계)에 대한 알파 계수이다. 참고로 다섯 변수 간 상관계수는 다음과 같다.

$$\begin{pmatrix} 1.000 & 0.399 & 0.473 & 0.392 & 0.418 \\ 0.399 & 1.000 & 0.479 & 0.440 & 0.408 \\ 0.473 & 0.479 & 1.000 & 0.432 & 0.307 \\ 0.392 & 0.440 & 0.432 & 1.000 & 0.270 \\ 0.418 & 0.408 & 0.307 & 0.270 & 1.000 \end{pmatrix}$$

5. 측정의 타당성

측정의 타당성(validity)은 지수 또는 척도가 그것이 원래 의도하였던 것을 반영하는 정도를 말한다. 예를 들어 병원에서 외래환자의 체중을 측정하면서 어쩔 수 없이 가벼운 평상복을 입은 상태의 무게를 재게되는데 이것은 엄밀한 의미에서 체중(body weight)이 아니다.

타당성 검토는 해당 분야의 지식 영역 내에서 질적으로 논의되는 것이 보통이다. S 그룹이 신입사원 입사시험으로 '직무적성 테스트'를 시행하고 있다. 이 테스트가 사원 선별을 위해서 타당한 측정치를 제공하는가? 이에 대한 답을 하기 위해서는 해당 분야 전문가의 검토가 필요하다.

타당성의 질적 평가에서 주요 부분은 내용 타당성(content validity)이다. 지수 또는 척도에 반영되는 '그 무엇'의 실체를 내용적으로 분석하는 것이다. 만약 '그 무엇'의 내용에 원래 의도하였던 것이 아닌 것이 포함되어 있거나 원래 의도하였던 '그 무엇'의 내용이 지수 또는 척도에 반영되어 있지 않다면 타당성의 문제가 있다.

예를 들어, 조사방법론의 기말시험이 학업성취도(이해 75% + 응용 25%)의 측정으로 타당한가를 검토해보자. 실제 주요 학습 영역이 기말시험 문제지에 골고루 포함되었는지, 기말시험 문제가 모두 학습 영역에서 나왔는지, 이해 정도와 응용 능력이 제시된 비율로 나타났는지를 검토할 필요가 있다.

타당성의 양적 평가로는 예측 타당성과 구인 타당성을 보는 방법이 있다.

예측 타당성(predictive validity)은 그 지수 또는 척도가 향후 실현되는 의도된 것과의 상관계수로 정의된다. 예컨대 S 그룹의 '직무적성 테스트'의 타당성은 직원 입사 후 일정 년 경과 후의 근무 평점과의 상관계수로 평가될 수 있다. 그 상관계수가 1에 가까우면 타당성이 큰 것이고 반대로 0에 가까우면 타당성이 약한 것이다. 예측 타당성을 보기 위해서는 사후적으로 자료(예: 근무 평점)를 확보해야 한다.

구인 타당성(construct vality)은 그 지수 또는 척도와 기존의 확립된 몇 가지 심리적 구인(構因, construct)들 간 연관성을 보는 것이다. 예컨대 S 그룹의 '직무적성 테스트'는 지능지수(IQ)와 감성지수(EQ) 등과 연관성을 보이면서도 어느 정도의 독자성을 가지고 있어야 타당성이 있다. 구인 타당성을 보기 위하여는 동일 응답자로부터 추가 변수(예: IQ, EQ)가 확보되어야 한다.

5장. 설문 작성과 설문지 설계

WRITING QUESTIONS AND QUESTIONNAIRE DESIGN

이 장은 설문(question) 작성의 일반적 원칙과 설문지(questionnaire) 구성에 관하여 설명한다.

1. 설문 작성의 일반적 원칙

모든 조사에 통하는 좋은 설문은 없다. 이 말은 모든 설문은 조사에 맞춰져야 함을 의미한다. 그렇다고 모든 설문이 창안되어야 하는 것은 아니다. 다른 조사에서 쓰인 설문들을 참고할 필요가 있다.

설문을 종이에 써서 동료와 예비 응답자들에게 회람시켜 피드백을 받아볼 필요가 있다. 이러한 과정을 몇 번 거치면 설문지에 대한 사전 테스트(pre-test)가 된다.

모든 조사는 예산, 시간, 인적 자원의 제약 하에서 실행된다. 현실을 받아들이되 그 안에서 최선을 다하는 것이 중요하다.

1개 설문에 하나의 질문을 해야 한다. 한번에 여러 생각을 묻는 것은 금물이다. 예컨대, "이 상품 안내서가 양적으로 충분하고 질적으로 만족스러웠습니까?"라는 설문은 두 가지를 묻고 있다. "양적으로 충분한가?", "질적으로 만족스러운가?"를 각각 물어볼 필요가 있다.

각 설문은 구체적이어야 한다. 일반적이거나 모호하게 묻지 않는다. 예컨대, "이 여행이 좋았습니까?"라는 설문은 너무 포괄적이다. 여행의 다양한 측면에 대하여 각각 질문해야 한다.

각 설문은 짧고 단순한 문장으로 구성되어야 한다. 길거나 복잡한 문장은 응답자가 집중력을 잃어 제대로 이해되지 않기 십상이다.

설문은 목표집단 응답자에 맞게 쓰여야 한다. 어린이 또는 노인이 대상인 조사에서는 해당 연령대 언어를 고려해야 한다.

유도 질문을 해서는 안 된다. 편향된 응답이 초래되기 때문이다. 예를 들어 "사형제도는 인명 존중을 위해 폐지되어야 한다는 데 동의하십니까?"와 "사형제도는 치안 확보를 위해 불가피하다는 데 동의하십니까?"는 모두 유도성 설문이다.

민감한 질문은 특별히 조심하여 다루어야 한다. 예컨대, 사생활(privacy)과 기밀(confidentiality)에 관한 사항이 그렇다. 성, 마약, 범법 등 사회적 일탈 행위(부정행위)에 대한 조사는 실패하기 쉽다.

모든 설문이 조사의 목적에 부합되는가를 확인할 필요가 있다. 그렇지 않다면 버려야 한다.

2. 좋지 않은 설문

매우 당연하게도, 설문 작성의 일반적 원칙에 벗어나는 설문은 좋지 않다. 뿐만 아니라 다음과 같은 설문들도 좋지 않다.

일부 응답자에게 해당되지 않는 질문은 좋지 않다. 예외적인 경우를 고려하여 '해당 없음'(N/A, Not Applicable)이 답항으로 있어야 한다. 예를 들어 "지난 해의 국회의원 선거에서 투표하셨습니까?" [예, 아니오]라는 설문을 생각해보자. 지난 해 나이가 어려 투표권이 없었던 응답자들에게 문제가 된다.

일부 응답자들은 제시된 질문에 대하여 아무 생각이 없을 수 있다. 그런 응답자들은 '의견 없음'(No Opinion) 또는 '모른다'(Don't Know)로 응답할 수 있어야 한다. 예를 들어 "미국과의 자유무업협정에 대하여 귀하는 찬성하십니까, 아니면 반대하십니까?" [찬성, 반대]라는 설문을 생각해보자. 자유무업협정에 대하여 별 관심이 없었던 응답자들은 아무 의견도 없을 것이다. 그런 응답자들에게 '찬성' 또는 '반대' 중에서 선택하도록 하는 것은 곤란하다.

이중부정으로 묻는 설문은 응답자에게 혼란을 주기 쉽다.

기억의 한계를 넘는 설문은 좋지 않다. 예를 들어 "지난 1년간 영화를 몇 번 보셨습니까?"라는 설문은 좋지 않다. 어떻게 1년 동안 본 영화를 모두 기억할 수 있을까?

3. 좋은 응답자료를 얻으려면?

응답자가 답할 수 있는 질문을 해야 한다. 제시된 주제에 대해 생각해본 일이 있는가, 특정 사건을 경험한 일이 있는가를 묻고 해당되는 사람들에 질문을 해야 한다(예: 자유무역협정, 국회의원 선거).

선다형 질문에 대한 응답 항목들은 빠짐이 없고 겹침이 없어야 한다. 그렇지 않다면 일부 응답자들은 혼동스러워 할 수 있다. 예를 들어 "결혼 시 가장 중요한 요소는 무엇입니까?" [1) 사랑, 2) 용모, 3) 학벌, 4) 재산, 5) 가문]의 경우를 보자. 결혼 시 가장 중요한 요소는 어떤 사람들에게는 2개 이상일 수 있다. '종교'가 중요하다고 생각하는 사람들이 있을 것이다. 그러나 종교는 답항에 없다.

개방형 질문(open question)은 최소로 해야 한다. 특히 응답자 수가 많은 경우에 그렇다. 조사자료 코딩과 분석에 많은 노력이 들기 때문이다. 그러나 조사대상이 특정화되어 있고 표본이 작은 경우 개방형 질문으로 유용한 정보를 얻을 수 있다.

4. 자기기입식 설문지

우편조사(mail survey)와 인터넷 조사 등에서 응답자는 조사자가 보낸 설문지를 열고 제시된 설문에 스스로 응답을 한다. 이를 자기기입식 설문지(self-administered questionnaire)라고 한다. 이런 설문지를 사용하는 조사는 일반적으로 응답자 사생활 침해 정도가 작으므로 향후 더욱 활성화될 것으로 보인다.

문제는 응답자의 조사참여가 제시된 설문지에 의해 결정적인 영향를 받는다는 데 있다. 설문지에 나타나는 조사 주제, 설문지 길이, 인센티브 제공, 조사주관 기관 등에 의해 조사 참여율이 달라질 수 있다. 그런 만큼 설문지 설계는 조사 성공을 위해 매우 중요한 요소이다.

설문지 겉장(cover sheet)에는 조사 개요, 협조문과 그 밖의 정보, 조사주관 기관 등이 들어간다. 조사 개요는 조사 주제를 알려준다. 조사자는 협조문에서 응답자들의 참여를 당부한다. 인센티브에 대한 정보도 여기에 속한다.

응답자는 조사 참여가 가져다 줄 효용과 조사 응낙에 따른 비용을 저울질 하는데, 여기서 비용에는 개인적 노력과 부담, 사생활 및 개인정보 노출 가능성 등이 포함된다. 만약 효용이 비용을 능가하는 것으로 판단되면 조사 참여를 한다. 그 반대이면 조사 요청을 거절한다.

조사자는 응답자가 제공한 자료를 통계적 정보 외에 개인적 정보로 활용할 수 없다. 그런 일이 생긴다면 그것은 조사 윤리의 중대한 위반이다.

실제 질문은 선별 설문(screeing question)으로 시작한다. 선별 설문으로 응답자 조건을 검토한다. 예컨대 지역, 성, 연령대, 특정 제품의 사용 경험 등이다.

본조사 설문들은 주제 별로 묶어 절(節, section)로 제시한다. 응답자들의 인지적 편의를 위해서이다.

주요 질문(key question)은 절의 앞 부분 넣는다. 개방형 설문은 절의 뒤 부분에 넣는다.

학력, 직업, 소득 등 인구사회적 속성은 설문지의 마지막 페이지에 넣는다. 일부 응답자들이 과민 반응할 우려가 있기 때문이다.

5. 사례: K 대학과 Y 대학 여학생의 소비성향과 성의식 조사

이 절에서는 설문지의 일례로서 오래 전에 고려대학교 통계학과 학생 팀(손정호 · 정홍배 · 조형연)이 수행한 'K 대학 여학생과 Y 대학 여학생 간 소비성향과 성의식 비교 연구'의 설문지를 보기로 한다.

K 대학과 Y 대학 여학생의 소비성향과 성의식 조사

안녕하세요. 저희들은 고려대학교 통계학과 4학년에 재학중인 학생들입니다.

이번 학기 전공과목인 '통계세미나 I'의 과제로서 Y 대학과 K 대학에 재학중인 여학생들의 소비성향 및 성의식을 조사하여 비교 분석하고자 합니다. 본 조사항목은 총 20개이며 10분 정도 소요됩니다.

다음 정성껏 응답해 주시길 부탁드립니다. 귀하의 응답은 통계적 목적으로만 사용될 것입니다.

저희들의 소박한 연구에 도움을 주시는 데 감사드립니다.

0000년 00월 00일

고려대학교 정경대학 통계학과 4학년

OOO OOO OOO

* 지도교수: 고려대학교 통계학과 OOO (Tel. 02-920-1412), e-mail: stat420@korea.ac.kr

☐ 면접원 이름 ____________ ☐ 면접장소 ____________ ☐ 면접일시 ____________

다음은 소비성 성향에 대한 질문입니다.

* [답항: 1=전혀 그렇지 않다, 2=그렇지 않다, 3=보통이다, 4=그렇다, 5=매우 그렇다]

1. 호사스러운 장신구나 액세서리들을 많이 갖고 싶다. 1 2 3 4 5
2. 신문을 읽는 것보다 TV 보는 것을 좋아한다. 1 2 3 4 5
3. 결혼식은 결혼하는데 꼭 필요한 절차라고 생각한다. 1 2 3 4 5
4. 새로운 패션이나 유행을 빨리 받아 들이는 편이다. 1 2 3 4 5
5. 상품을 구입하기 전에 여러 상점의 가격을 비교한다. 1 2 3 4 5
6. 쇼핑을 가기 전에 쇼핑 품목을 미리 작성하는 편이다. 1 2 3 4 5
7. 풍요로운 생활을 위해 항상 공부를 한다. 1 2 3 4 5
8. 비싼 것 하나보다 싼 것 여러 개를 갖는 편이 낫다. 1 2 3 4 5
9. 옷에 맞춰 액세서리나 구두를 바꿔 착용한다. 1 2 3 4 5
10. 생활하는데 불편하더라도 옷의 모양이 좋으면 입는다. 1 2 3 4 5

다음은 성 의식에 대한 질문입니다.

* [답항: 1=전혀 그렇지 않다, 2=그렇지 않다, 3=보통이다, 4=그렇다, 5=매우 그렇다]

1. 여성은 결혼 전까지 순결한 편이 좋다고 생각한다. 1 2 3 4 5
2. 나는 낙태제도를 찬성한다. 1 2 3 4 5
3. 결혼한 여성의 행복은 남편에 달려 있다. 1 2 3 4 5
4. 자녀가 있더라도 사랑하지 않으면 이혼할 수 있다. 1 2 3 4 5
5. 동성동본이라 할지라도 결혼할 수 있어야 한다. 1 2 3 4 5
6. 여자가 담배 피는 것을 보면 못마땅하다. 1 2 3 4 5
7. 남자와 여자 사이에는 친구관계가 성립되지 않는다. 1 2 3 4 5
8. 연애와 결혼은 별개의 것이다. 1 2 3 4 5
9. 남자도 결혼 전까지 순결을 지켜야 한다. 1 2 3 4 5
10. 순결은 육체에 있는 것이 아니라 마음에 있다. 1 2 3 4 5

마지막으로 몇가지 인적 사항에 관한 질문을 하겠습니다.

1. 몇 학년이세요? ____ 학년

2. 지금 사는 곳이 어디세요? ____

   1) 자기집 또는 친척집 2) 하숙집 3) 자취방 4) 기숙사 5) 다른 곳

3. 귀하의 당신의 종교는? ____

   1) 개신교 2) 천주교 3) 불교 4) 기타 5) 없음

응답을 마쳐 주셔서 대단히 감사합니다.

이 설문지에 따라 K대학에서 82명, Y대학에서 82명이 응답하였다. 통계적 집계와 자료분석에 대하여는 이후 10장에서 다룰 것이다.

6장. 무응답 NONRESPONSE

조사 거절과 항목(변수) 무응답을 통칭하여 무응답이라고 하는데, 무응답은 조사자료의 질을 저해시키는 제1의 원인이다. 이 장에서는 무응답의 제 원인을 설명하고 낮은 응답률이 갖는 문제를 살펴본다. 아울러 응답률 제고 방안을 제시한다.

1. 무응답의 원인

확률표본추출로 특정 개인이 조사대상으로 뽑히는 확률은 극히 작다. 따라서 조사대상 응답자는 희소기회를 놓치려하지 않아야 맞다. 그러나 일부 응답자들은 조사거절과 항목 무응답 등으로 그런 기회를 스스로 포기한다. 왜 그런가?

첫째, 과(過)조사효과(over-surveying effect) 때문이다. 최근 사회에는 매우 많은 수의 소비자만족도조사, 사회여론조사, 마케팅 조사가 시행되고 있고 사이비 조사도 횡행하고 있는 실정이다. 이에 따라 응답 대상자로 선정되는 일이 더 이상 눈에 띄게 희소한 기회가 아니게 되었다.

둘째, 응답자의 동기(動機, motivation) 부족 때문이다. 많은 사람들이 개인주의화되어 있어 자기에 직접 이득이 없는 일에 비협조하는 경향이 있다.

셋째, 사생활(privacy) 침해와 기밀(confidentiality) 누출을 우려하기 때문이다. 1인 가구의 급속한 증가와 사회 정보화가 초래한 결과이다.

2. 낮은 응답률이 갖는 문제

확률표본추출을 충실하게 따르었다고 하더라도 응답률이 낮게 나온 조사자료는 편향된 결과를 만들어낼 가능성이 있다. 예를 들어 보자. 어느 조직에서 전체 대의원 수는 200명인데 이 중에서 A 후보 지지자가 120명이고 B 후보 지지자가 80명이라고 하자. 즉, A 후보 지지율의 참값은 60% $(= \frac{120}{120+80})$이다. 그런데 A 후보 지지자 중 40명이 조사를 거절하였고 B 후보 지지자 중에서는 60명이 조사를 거절하였다고 하자. 따라서 응답 자료는 A 후보 지지자 80명과 B 후보 지지자 20명으로 구성된다. 그리고 응답 자료로부터 산출되는 A 후보 지지율은 80% $(= \frac{80}{80+20})$이다. 이 표본에서 산출된 A 후보 지지율은 참값보다 20%p나 높다.

앞의 예에서 응답률은 50%였다. 그러나 같은 응답률의 조사자료인데도 편향되지 않은 결과를 만들어내는 경우도 있다. 앞의 예에서 A 후보 지지자 중 60명이 조사를 거절하였고 B 후보 지지자 중에서는 40명이 조사를 거절하였다고 하자(응답률 50%). 이 경우 응답 자료는 A 후보 지지자 60명과 B 후보 지지자 40명으로 구성되므로 응답 자료로부터 산출되는 A 후보 지지율은 60% $(= \frac{60}{60+40})$이다. 이 표본에서 산출된 A 후보 지지율은 편향되어 있지 않다.

진짜 문제는 무응답자들이 어떤 속성을 가지고 있는가를 알 수 없다는 데 있다. 응답률이 낮은 표본으로는 조사 결과가 편향되어 있는지 아니면 그렇지 않은지를 알기 어렵다. 그러나 응답률이 높은 표본에서 산출된 조사 결과는 편향되었을 가능성이 극히 작다. 설혹 무응답자의 속성이 극단적으로 한 쪽으로 치우쳐 있다고 하더라도 무응답자 층의 크기가 작으므로 편향의 크기가 작을 수밖에 없기 때문이다.

3. 무응답률의 최소화

무응답률을 줄이기 위해서는 응답자들에게 조사 참여의 동기를 부여하여야 한다. 이제까지 알려진 가장 효과적인 방법은 응답자들에게 직접적인 금전적 인센티브를 제공하는 것이다. 인센티브는 최소한의 자극이 될 수준이면 충분하다. 또는 조사결과가 가져다줄 사회적 편익(social benefit)을 일깨우는 방법도 있다. 통계적 정보가 중요한 사회적 간접자본이라는 점을 알릴 필요가 있다.

우편조사(mail survey)와 인터넷 조사(Internet survey, Web survey)의 경우, 1) 조사 대상자로 선정되었음을 알리는 사전우편을 보내고 2) 인센티브를 제공하고 3) 적어도 2회에 걸쳐 설문지를 발송하거나 설문지 접속방법을 알리고 4) 가능하다면 직접 전화통화로 협조를 당부함으로써 응답률을 높일 수 있다.

전화조사(telephone survey)와 면대면 조사(face-to-face survey)의 경우에는 비접촉자에 대한 재통화(recall)·재방문(revisit)을 일정 횟수 시도함으로써 응답률을 높일 수 있다.

4. 무응답률의 보고

응답률(response rate)의 보고는 조사결과의 공표 시 포함되어야 할 최소 기준 중 하나이다. 응답률이 조사자료의 질을 나타내는 가장 중요한 지표이기 때문이다.

낮은 응답률이 곧바로 조사결과의 편향성을 의미하는 것은 아니다. 조사결과가 어느 정도 편향되어 있는가를 평가하기 위해서는 응답률 외에 응답자와 무응답자 간 차이를 추정해야 한다. 예를 들어, 선거예측조사를 실시한 결과 1,000명이 응답하였으나 1,000명이 응답하지 않았다고 하자(조사거절 포함). 조사에 경험 많은 1급 면접원을 동원하여 무응답자 1,000명 중 일정 비율로 재추출된 일부 응답자를 접촉하여 그들이 어떤 생각을 하는지를 알아보는 방법이 있다. 그러나 조사비용의 대폭적 증가는 불가피하다. 뿐만 아니라 비접촉자를 접촉하고 조사 거절자를 설득하여 참여하도록 유도하는 일은 결코 쉬운 일이 아니다.

5. 무응답자의 심리적·사회적 성향

사람들은 자신들이 사회의 열세자 그룹에 속한다고 생각하는 경우 무응답하는 경향이 있다(침묵의 나선, spiral of silence). 때문에 선거 전 여론조사에서 2등을 하는 것으로 나타난 후보자가 공식적인 개표 결과 1등을 하는 경우가 종종 발생한다.

고학력자와 저학력자의 무응답률이 중간 학력자의 무응답률에 비해 높은 경향이 있다. 마찬가지로 고소득층과 저소득층의 무응답률이 중간소득층의 무응답률에 비해 높은 경향이 있다. 여성이 남성에 비해, 나이 많은 사람들이 나이 적은 사람들에 비해 무응답률이 높은 경향이 있다.

6. 조사표본의 가중화와 결측값 대체

조사 거절로 인한 무응답 때문에 조사표본이 일부 결손됨에 따라 관측표본의 인구·사회적 구성이 모집단과 격차를 보이는 경우가 있다. 이를 해결하기 위하여 통상적으로 칸 가중법(cell weighting)이 활용된다. 이 방법은 칸 (i,j,k)의 모집단 비율이 π_{ijk}인데 표본비율이 p_{ijk}로 나타난 경우, 칸 (i,j,k)에 속하는 개체에 가중치

$$w_{ijk} \propto \frac{\pi_{ijk}}{p_{ijk}}$$

를 부여한다. 여기서 i, j, k는 인구사회적 요인 I, J, K의 수준을 표기한다(예: 지역, 성, 연령대).

항목 무응답의 경우는 그 항목(변수)에 대한 회귀모형화를 통하여 결측된 항목(변수)값을 추정해낼 수 있는데, 이를 회귀대체(regression imputation)라고 한다. 예컨대 소득에 대하여 일부 응답자들이 무응답한 경우 소득과 나이, 학력, 직업 등과의 통계적 관계를 도출하여 결측된 소득값을 추정한다.

SPSS Analyze 메뉴의 Missing Value Analysis를 활용하면 회귀대체를 비롯 결측값 문제에 쉽게 대처할 수 있다.

7장. 설문지 사전 테스트와 예비 조사

QUESTIONNAIRE PRETEST AND PILOT SURVEY

설문지가 모양을 갖추면 소수의 잘 선택된 응답자에 적용해보는 사전 테스트를 거친다. 테스트 결과를 피드백 받아 설문지는 최종 수정되고 편집된다. 예비 조사는 최종 리허설이라고 할 수 있다. 잘 준비된 조사만이 성공할 수 있다.

1. 설문지 사전 테스트

조사자가 설문지를 아무리 치밀하게 만들어도 경험적으로 볼 때 완벽한 경우는 별로 없다. 조사 현장에서 부딪히는 사람들은 매우 다양하기 때문이다. 따라서 설문지가 어느 정도 모양을 갖추면 10여 명의 잘 선택된 응답자에 적용해보는 사전 테스트(pretest)를 거치는 것이 좋다. 시간이 촉박하다는 이유로, 또는 번거롭다는 이유로 이 과정을 생략하면 조사 전체를 망칠 수 있다.

사전 테스트 응답자 선정은 조사자의 편의(convenience)에 의하여 쉽게 협조를 받을 수 있는 사람을 선택하거나 조사자의 판단(judgment)에 의하여 실제 응답자의 전형으로 생각되는 사람을 선택해도 된다. 그러나 가급적 이질적인 인구사회적 배경을 가진 사람들로 표본을 구성하는 것이 좋다. 설문지에 내재된 다양한 문제가 표출될 수 있기 때문이다.

이 단계에서 여러 버전의 설문지를 비교해볼 수 있다. 이런 목적의 테스트를 위해서는 표본 크기가 다소 커야한다. 사전 테스트에 개방형 질문을 넣고 이에 대한 응답 내용을 토대로 본 설문지에서 폐쇄형 질문으로 바꾸는 것도 한 방법이다.

사전 테스트 결과를 토대로 설문지 구성을 개선하고 어구(語句, wording)를 다듬는다. 시간이 충분하다면 다단계의 사전 테스트를 거치는 것이 좋다.

2. 예비 조사

이제까지 표본추출 계획을 구체화했고 설문지가 완성되었다고 하더라도 현장 조사에 들어가기 전에 총연습, 즉 리허설을 해볼 필요가 있다. 조사자의 머리에 현장 조사의 모습이 아무리 잘 그려졌다고 하더라도 현실은 복잡다단하기 때문이다.

백화점 출구에서 매 10번째 고객을 면접하는 출구 조사의 경우를 생각해보자. D 데이를 며칠 앞둔 시점에서 예비 조사를 함으로써 실제로 백화점 출구에서 그 추출 간격을 계속 유지할 수 있는지, 지정된 응답자들이 협조하는지, 제공되는 인센티브가 효과적인지, 면접과정에서 특별한 어려움이 있는지를 알아볼 필요가 있다.

예비 조사의 부가적 활용도는 두 가지이다. 1) 면접원 훈련(interviewer training)의 기본 자료로 활용한다. 현실 감각이 스며든 훈련이 가능하다. 2) 예비자료 세트를 만들고 통계적 집계·분석 프로그램을 작성하여 테스트한다. 테스트된 프로그램은 본조사 자료 세트가 완성되는대로 곧바로 투입되므로 향후 분석시간이 절약된다.

8장. 실사(實査) FIELD WORK

조사자에게 실사(實査, field work)는 대학입학시험과 같은 것이다. 조사자는 표본 추출과 설문지, 예비 조사 등 모든 준비를 마쳤으므로 이제까지의 노력에 상응하는 성과를 거두고자 한다.

실사에서 부딪히는 가장 큰 어려움은 응답자의 협조를 얻는 일이다. 조사자는 응답자에게 조사의 편익와 참여 시 혜택(인센티브)을 적극적으로 강조하고 소요시간과 노력, 개인정보 노출 등 참여의 부담은 크지 않을 것임을 알려야 한다.

조사 현장에서 성공 여부에 영향을 주는 요인은 면접원의 자질이다. 좋은 면접원은 응답자와 친밀성(rapport)을 형성하고 응답 과정이 부드럽게 흐르도록 한다. 면접원의 선별과 훈련이 중요하다.

실사 단계에서 염려되는 사항은 면접원(조사원)의 부정 행위이다. 응답자의 협조를 구하는 일이 어렵다보니 조사원이 허위 자료를 만들어 넣는 일이 있다. 이를 막기 위해서는 1) 면접원 훈련에 조사 윤리가 반드시 포함되도록 하고 2) 응답 설문지 일부를 임의추출하여 재검(verification)할 필요가 있다. 설문지 재검은 실사 감독자가 응답자를 재접촉하여 기본 사항이 일치하는가를 확인하는 작업이다.

9장. 자료 입력 DATA INPUT

조사가 완료되면 설문지를 수거하여 모두 몇 장인지 확인하고 일련번호를 매긴다. 그리고 응답 설문지를 일정한 코딩 설계에 따라 컴퓨터 파일로 만들고 검토한다. 이 장에서는 이와 같은 자료 입력 단계에서 유용한 팁들을 다룰 것이다.

1. 코딩 설계

응답 설문지에 기록된 모든 사항을 일정한 방식에 따라 수치로 기록하는 것이 바람직하다. 이 과정에서 결측(무응답)값 표시에 주의할 필요가 있다.

결측의 표기 방식에는 여러가지가 있다. SPSS를 통계적 집계와 분석 소프트웨어로 사용하는 경우, 한 자리수 수치값 변수의 경우에는 '9'를 넣고 두 자리수 수치값 변수의 경우에는 숫자 '99'를 넣는 방법이 무난하다. 단, 그 변수의 타당한 값에 '9'나 '99'가 포함되지 않아야 한다. 문자값 변수의 경우에는 '.'를 넣는 것이 무난하다.

결측을 표시하는 기호(숫자)는 SPSS Data Editor의 Variable View 탭 Missing 칼럼에서 변수별로 정의한다(Discrete missing values로 해당 기호 또는 숫자를 지정).

개방형 질문에 대한 응답을 입력해야 하는 경우에는 응답 내용을 대표하는 키워드를 추출하고 키워드를 코드(수치)화하면 된다. 예를 들어 "개인용 노트북의 구매시 가격 외에 어떤 요소를 우선적으로 고려하십니까?"에 대한 개방형 응답을 입력한다고 하자. 전체 응답 내용을 훑어보고 전체를 대체로 포괄하는 키워드들의 리스트를 만들 필요가 있다. 예컨대 1) 제조사의 지명도, 2) 디자인(외양, 컬러 등), 3) 하드웨어적 성능, 4) 기존 사용자 의견, 5) 보증 기간, 6) 기타 등이다.

개방형 응답의 키워드화 과정에서 작업자의 주관이 작용할 소지가 있다. 그런 것을 막기 위하여 2명의 훈련된 작업자에 독립적인 코딩 작업을 하게 하고 부여된 코드가 일치하지 않는 설문지에 대하여는 조사자 또는 상급 작업자가 판단하여 코드 값을 바로 잡는다.

다음은 5장에 제시된 'K대학과 Y대학 여학생의 소비성향과 성의식 조사'의 코딩 설계이다. 아무리 간단한 사례라도 변수 명, 변수 값, 결측 표시 등에 대한 기록을 문서화하여 남길 필요가 있다.

변수명	문항	자료값
univ	학교명	1 = Y대, 2 = K대
id	일련번호	01부터 82까지
c1	소비성향 1	1 = 전혀 그렇지 않다. · 5 = 매우 그렇다
c2	소비성향 2	1 = 전혀 그렇지 않다. · 5 = 매우 그렇다
c3	소비성향 3	1 = 전혀 그렇지 않다. · 5 = 매우 그렇다
c4	소비성향 4	1 = 전혀 그렇지 않다. · 5 = 매우 그렇다
c5	소비성향 5	1 = 전혀 그렇지 않다. · 5 = 매우 그렇다
c6	소비성향 6	1 = 전혀 그렇지 않다. · 5 = 매우 그렇다
c7	소비성향 7	1 = 전혀 그렇지 않다. · 5 = 매우 그렇다
c8	소비성향 8	1 = 전혀 그렇지 않다. · 5 = 매우 그렇다
c9	소비성향 9	1 = 전혀 그렇지 않다. · 5 = 매우 그렇다
c10	소비성향 10	1 = 전혀 그렇지 않다. · 5 = 매우 그렇다
s1	성의식 1	1 = 전혀 그렇지 않다. · 5 = 매우 그렇다
s2	성의식 2	1 = 전혀 그렇지 않다. · 5 = 매우 그렇다
s3	성의식 3	1 = 전혀 그렇지 않다. · 5 = 매우 그렇다
s4	성의식 4	1 = 전혀 그렇지 않다. · 5 = 매우 그렇다
s5	성의식 5	1 = 전혀 그렇지 않다. · 5 = 매우 그렇다
s6	성의식 6	1 = 전혀 그렇지 않다. · 5 = 매우 그렇다
s7	성의식 7	1 = 전혀 그렇지 않다. · 5 = 매우 그렇다
s8	성의식 8	1 = 전혀 그렇지 않다. · 5 = 매우 그렇다
s9	성의식 9	1 = 전혀 그렇지 않다. · 5 = 매우 그렇다
s10	성의식 10	1 = 전혀 그렇지 않다. · 5 = 매우 그렇다
p1	학년	1, 2, 3, 4
p2	주거유형	1 = 자기집/친척집, 2 = 하숙집, 3 = 자취방, 4 = 기숙사, 5 = 다른 곳
p3	종교	1 = 개신교, 2 = 천주교, 3 = 불교, 4 = 기타, 5 = 없음

2. 자료 세트 만들기와 열기

코딩 설계에 따라 자료 세트를 만드는데 이에는 크게 세 가지 방법이 있다. 1) 텍스트 파일로 만들기, 2) 엑셀 파일로 만들기, 3) SPSS 자료 파일로 만들기 등이다.

텍스트 파일로 만들고 SPSS에서 열기

조사 자료를 MS Notepad 등을 활용하여 텍스트 파일로 만드는 방법이다. 변수별로 칼럼을 지정하여 일정한 방식으로 입력하면 된다. 변수와 변수 사이에 한 칸을 띄우게 되면 전체 칼럼 수가 늘어나 산만해지고 입력작업도 수고스럽게 된다. 그것보다는 몇 개씩의 변수를 묶어 연이어 입력한 다음 한 칸을 띄우는 것이 좋다.

다음은 'K대학과 Y대학 여학생의 소비성향과 성의식 조사' 자료를 텍스트 파일 Survey.txt로 만든 사례이다. 지면에서는 Y 대학 첫 10명의 응답과 K 대학 첫 10명의 응답을 볼 수 있다. 설문지 식별부분인 univ와 id를 묶었고 소비성향 관련 10개 문항 c1, ···, c10을 묶었고 성의식 관련 10개 문항 s1, ···, s10을 묶어 입력하였다. 마지막으로 인적사항 3개 변수 p1, p2, p3를 연이어 입력하였다.

```
101 2442223232 4134352445 142
102 1222235232 4433422252 112
103 2343325444 4234432543 143
104 3553345244 4233421334 142
105 3244435234 4425432244 111
106 4334213444 4244342433 121
107 3442235233 5425541553 113
108 4244445344 5234432443 115
109 4453444344 5542342512 145
110 4242325434 3424512233 115
.
.
201 3243555233 5221332252 143
202 2222334232 3425411345 141
203 3242335233 4224432344 142
204 3342224223 4435431252 115
205 4452534444 5444343454 115
206 3442445243 2434412534 113
207 2322112222 2314512323 115
208 2341445232 5414512353 115
209 2332324322 4222343354 113
210 2132445443 4414411245 143
.
.
```

조사 자료의 입력 과정에서 가장 염려되는 오류는 변수를 제 칼럼이 아닌 다른 칼럼에 넣는 것이다. 텍스트 파일로 만드는 방식에서, 그런 실수가 발생하면 빈칸이 일직선을 형성하지 못하게 되므로 금방 탐지된다.

텍스트 파일은 SPSS File 메뉴에서 Read Text Data로 읽을 수 있다. Text Import Wizard가 작동되므로 한 단계씩 따라가면 된다. [부록 A5 참조]

엑셀 파일로 만들고 SPSS에서 열기

n매 · p개 변수의 설문지 자료를 MS Excel n개 행 · p개 열에 입력하는 방법이다. 이 방법의 장점은 대다수의 PC 사용자들이 엑셀에 익숙하다는 데 있지만 실제 입력과정은 수고스럽다. 또한 파일 크기가 커지므로 대규모 조사 자료를 입력하는 방식으로는 적절하지 않다.

엑셀 파일(예: Survey.xls)은 SPSS File 메뉴에서 Open Data로 쉽게 읽을 수 있다.

직접 SPSS 자료 파일 만들기

n매 · p개 변수의 설문지 자료를 직접 SPSS Data Editor에 넣는 방법이다. 장점은 SPSS 자료 파일을 단번에 만들 수 있다는 것이지만 조사 자료의 규모가 큰 경우 실제 입력과정은 매우 수고스럽다.

어느 경우든 SPSS 자료 파일이 만들어지면 SPSS Data Editor Variable View 탭에 들어가 변수별로 Type, Width, Decimals, Label, Values, Missing, Columns, Align, Measure 등을 정리해두는 것이 좋다.

- Type(유형). Numeric(수치형), String(문자형), Date(날짜) 등. 'K대학과 Y대학 여학생의 소비성향과 성의식 조사' 자료의 경우(이하 생략) 모든 변수가 Numeric이다.

- Width(폭). 변수가 차지하는 자리 수. id의 Width는 2이다. 그 외 변수의 Width는 1이다.

- Decimals(소수점 이하 자리수). 모든 변수의 Decimals는 0이다.

- Label(변수설명). [예] univ 대학, c1 소비성향 1, s1 성의식 1, $\cdots$.

- Values(변수값 설명). [예] univ =1, Y 대학; =2, K 대학. c1 =1, 전혀 그렇지 않다 (결코 아니다); =2, 그렇지 않다, =3 보통이다, =4 그렇다, =5 매우 그렇다.

- Missing(결측값 정의 기호 또는 숫자). univ의 결측값은 99로, 그 외 변수의 결측값은 9로 표기한다.

- Columns(칼럼 수). 모든 변수의 칼럼 수는 8로 한다.

- Align(정렬방식). Left, Right, Center 등. 모든 변수를 Right로 정렬한다.

- Measure(측정수준). Scale, Ordinal, Nominal 등. 여기서 'Scale'은 Interval Scale(구간척도)과 Ratio Scale(비척도)을 통칭한다. [예] univ Nominal, c1 ordinal, s1 ordinal, p1 nominal, ⋯.

최종 편집된 자료 파일을 Survey.sav로 저장해두자.

3. 자료 파일의 통계적 검토

자료 파일(예: Survey.sav, Survey_Err.sav)이 제대로 만들어졌는가를 검토해볼 필요가 있다. 일차적인 방법은 원자료가 제대로 입력되었는지 일일이 확인하는 것이다. 이 절에서는 그 다음에 적용되는 통계적 검토 방법을 다룰 것이다. [부록 A5 참조]

측정수준이 Nominal 또는 Ordinal인 변수에 대하여는 SPSS Analyze ▶ Descriptive Statistics ▶ Frequencies를 적용해볼 필요가 있다. 예컨대 univ 변수에 대하여 Frequencies를 구해보면 'Y 대학(=1)'이 82례, 'K 대학(=2)'이 82례가 나온다. 만약 엉뚱한 코드 값이 오류로 들어가 있는 경우에는 그 코드 값의 빈도가 출력된다. 예컨대 'Y 대학(=1)'이 80례, 'K 대학(=2)'이 81례, '3' 1례, '4' 2례로 나오는 경우 univ =3 또는 4로 입력된 총 3례는 오류인 것이다.

측정수준이 Ordinal 또는 Scale인 변수에 대하여는 SPSS Analyze ▶ Descriptive Statistics ▶ Descriptives 분석을 해볼 필요가 있다. 예컨대 5점 척도인 c1 변수에 대하여 Descriptives를 구해보면 Minimum 1, Maximum 5가 나온다. 그런데 만약 1보다 작은 값이 들어가 있거나 5보다 큰 값이 들어가 있는 경우엔 Minimum과 Maximum이 다르게 출력되는데, 이는 5점 척도에서는 있을 수 없는 일이다. 예컨대 Minimum 0, Maximum 8이 나왔다면 최소 2개 값이 오류이다.

결측값이 있는 변수에 대하여는 Valid 케이스 수가 전체 개체 수보다 작게 나타난다. 예컨대 s1 변수에 대하여 Descriptives를 구해본 결과 Valid 수가 총 159개로 총 케이스 수 164보다 작게 나왔다면, 또는 Frequencies를 본 결과 Valid Total이 159로 나왔다면 그것은 s1이 다섯 번 결측되었음을 의미한다.

설문지 자료의 입력시 자주 발생하는 실수는 같은 설문지를 중복하여 입력하는 오류이다. 예를 들어 'K대학과 Y대학 여학생의 소비성향과 성의식 조사'에 적용해보기로 하자. 이 사례에서는 실제로 univ와 id가 합해져야 일련번호가 된다. 따라서 SPSS Transform 메뉴의 Compute Variables를 활용하여 통합일련번호

```
id_plus = uinv*100 + id
```

를 만들고 이 변수에 중복이 있는가를 SPSS Data 메뉴의 Identify Duplicate Cases로 확인해 보는데, 만약 출력에서 Duplicate Case 수가 1 이상으로 나오면 그것은 중복 입력의 오류가 있음을 의미한다. 중복 케이스는 자동생성되는 PrimaryLast라는 변수로 알 수 있다.

이상의 입력오류 파일은 Survey_Err.sav에 있다. 이 파일에 나타나는 오류를 모두 고치면 깨끗한 자료 파일이 된다(Survey.sav).

10장. 자료 분석 DATA ANALYSIS

조사자료는 집계와 분석을 거쳐 통계적 정보로 탄생한다. 사용되는 기법은 기술통계에서 시작하여 교차표 분석, t-검정, 선형모형분석 등 모든 통계적 분석 및 모형을 망라한다. 이 장에서는 5장의 'K 대학 여학생과 Y 대학 여학생 간 소비성향과 성의식 비교 연구'에서 조사자가 하게 되는 각종 자료분석을 보일 것이다.

1. 통계적 집계와 기술

조사자료를 손에 넣은 조사자가 가장 먼저 하게 되는 일은 통계적 집계(集計, aggregation)와 기술(記術, description)이다. 예컨대 선거여론조사에서는 각 후보에 대한 지지율 통계가 여기에 해당한다. 이를 통해 모집단에 대한 추론을 하게 된다.

'소비성향과 성의식 조사'(`Survey.sav`)에서 1) 주거지와 종교의 분포 및 2) 소비와 성(性)에 대한 태도를 살펴보기로 하자. 이 중 첫째 것은

주거지: 자기집 73.8%, 하숙집 4.9%, 자취방 11.0%, 기숙사 10.4%,

종교: 개신교 31.7%, 천주교 17.7%, 불교 7.3%, 기타 1.2%, 없음 42.1%

이다. 이로부터 대략 4명 중 1명이 자기집 이외의 곳에서 생활을 하고 있고 종교는 대략 2명 중 1명이 기독교(개신교 · 천주교)라는 것을 알 수 있다.

이상의 결과는 `SPSS Analyze` ▶ `Descriptive Statistics` ▶ `Frequencies`에 들어가 p2(주거지)와 p3(종교)를 지정하여 얻을 수 있다[부록 A5 참조].

이 조사에서 Y 대학과 K 대학이 층(層, stratum)을 구성한다. 따라서 층별 정보도 필요하다. 다음은 주거지와 종교 분포를 대학별로 보여준다.

주거지 [Y 대학]: 자기집 76.8%, 하숙집 6.1%, 자취방 8.5%, 기숙사 8.5%.
[K 대학]: 자기집 70.7%, 하숙집 3.7%, 자취방 13.4%, 기숙사 12.2%.

종교 [Y 대학]: 개신교 40.2%, 천주교 13.4%, 불교 6.1%, 기타 1.2%, 없음 39.0%.
[K 대학]: 개신교 23.2%, 천주교 22.0%, 불교 8.5%, 기타 1.2%, 없음 45.1%.

이상의 집계는 `SPSS Data` ▶ `Select Cases(If)`로써 각 층을 선별한 다음[부록 A5 참조] `Frequencies`를 적용하여 얻을 수 있다.

소비성향 측정을 위하여 c1부터 c10까지 5점 척도 10개 문항을 썼으므로 이들의 합은 '총 소비성향'을 표현한다. 각각의 독특한 특성이 반영되는 개별 문항들보다는 이들의 묶음이 공통 부분인 '총 소비성향'을 더욱 분명하게 나타낼 수 있기 때문이다. 즉, '총 소비성향' 지수 c_index를 다음과 같이 정의한다.

$$\text{c\_index} = \text{c1} + \text{c2} + \text{c3} + \text{c4} + \text{c5} + \text{c6} + \text{c7} + \text{c8} + \text{c9} + \text{c10}.$$

총 소비성향 지수 c_index는 최소 10부터 최대 50까지 값을 취할 수 있으므로 측정 수준을 구간척도로 볼 수 있다.

마찬가지로, s1부터 s10까지 성의식 문항들로부터 '총 성의식' 지수를 정의하고자 한다. 그러나 성의식 문항들을 살펴보면 어떤 문항은 긍정이 진보성을 뜻하고 어떤 문항은 긍정이 보수성을 뜻하는 것을 알 수 있다. 예를 들어 s1 "여성은 결혼 전까지 순결한 편이 좋다고 생각한다"에서 긍정은 보수성을 뜻하지만 s2 "나는 낙태제도를 찬성한다"에서 긍정은 진보성을 뜻한다. 따라서 '총 성의식(진보성)' 지수 s_index를 다음과 같이 정의한다.

$$\text{s\_index} = -\text{s1} + \text{s2} - \text{s3} + \text{s4} + \text{s5} - \text{s6} - \text{s7} + \text{s8} - \text{s9} + \text{s10}.$$

총 성의식 지수 s_index도 측정수준은 구간척도이다. c_index와 s_index는 SPSS `Transform ▶ Compute Variable`에서 만들 수 있다[부록 A5 참조].

c_index와 s_index에 대한 기술 통계는 다음과 같다.

c_index : 최소 17, 최대 42, 평균 31.7, 표준편차 4.3.
s_index : 최소 –9, 최대 16, 평균 2.5, 표준편차 5.0.

이상의 결과는 SPSS `Analyze ▶ Descriptive Statistics ▶ Descriptives`로 얻은 것이다[부록 A5 참조]. 이런 수치들은 이것만으로는 큰 의미가 없지만 후년에 같은 조사가 반복되는 경우 그 사이 변화 여부는 연구자의 주 관심이 될 것이다.

c_index와 s_index에 대한 대학별 기술 통계는 다음과 같다.

c_index [Y 대학]: 최소 17, 최대 42, 평균 32.3, 표준편차 4.2.
[K 대학]: 최소 19, 최대 41, 평균 31.0, 표준편차 4.3.

s_index [Y 대학]: 최소 –9, 최대 15, 평균 2.2, 표준편차 4.7.
[K 대학]: 최소 –7, 최대 16, 평균 2.8, 표준편차 5.2.

대학(층)별 통계는 SPSS `Data ▶ Select Cases(If)`로 층을 선별한 다음[부록 A5 참조] `Descriptives`를 적용하여 얻는다.

2. 표본 균형화를 위한 가중화

표본의 진정한 가치는 모집단 대표성에 있지만 아무리 잘 뽑아도 표본이 모집단과 일치하지는 않는다. 그러나 만약 알려진 특성에서 표본이 모집단과 일치하지 않는 경우 관측표본에 사후적으로 가중치를 부여함으로써 표본의 균형화를 도모할 수 있다(6장 6절 참조).

'소비성향과 성의식 조사'에서 모집단을 Y 대학 여학생 50%와 K 대학 여학생 50%로 정의하자. 그런데 알려진 바에 의하면 두 대학에서 각 학년의 크기는 같다. 따라서 가장 균형화된 표본은 각 대학의 각 학년 20.5명씩이 응답한 표본이다. 그런데 관측표본에서 대학과 학년 간 교차표를 구하여본 결과 다음과 같게 나타났다.

대 학	1학년	2학년	3학년	4학년	합 계
Y 대학	24	22	20	16	82
K 대학	22	21	19	20	82
전 체	46	43	39	36	164

따라서 Y 대학에서 1학년은 너무 많이 조사되었고 4학년은 너무 적게 조사된 것으로 볼 수 있다. K 대학에서도 1학년이 다소 많이 조사되었고 3학년이 다소 적게 조사되었다. 따라서 다음과 같이 가중치를 부여하게 되면 대학과 학년에서 표본이 완전히 균형화된다.

$$
\begin{aligned}
\text{Y 대학(univ =1)이고 } \texttt{p1} = 1 \text{ 이면, } \texttt{weight} &= 0.854(= \tfrac{20.5}{24}),\\
\texttt{p1} = 2 \text{ 이면, } \texttt{weight} &= 0.932(= \tfrac{20.5}{22}),\\
\texttt{p1} = 3 \text{ 이면, } \texttt{weight} &= 1.025(= \tfrac{20.5}{20}),\\
\texttt{p1} = 4 \text{ 이면, } \texttt{weight} &= 1.281(= \tfrac{20.5}{16}).
\end{aligned}
$$

$$
\begin{aligned}
\text{K 대학(univ =2)이고 } \texttt{p1} = 1 \text{ 이면, } \texttt{weight} &= 0.932(= \tfrac{20.5}{22}),\\
\texttt{p1} = 2 \text{ 이면, } \texttt{weight} &= 0.976(= \tfrac{20.5}{21}),\\
\texttt{p1} = 3 \text{ 이면, } \texttt{weight} &= 1.079(= \tfrac{20.5}{19}),\\
\texttt{p1} = 4 \text{ 이면, } \texttt{weight} &= 1.025(= \tfrac{20.5}{20}).
\end{aligned}
$$

이와 같은 계산을 하려면 SPSS `Transform ▶ Recode into Different Variables`를 활용하거나 다음과 같이 SPSS 스크립트를 써서 실행하면 된다.

```
DATASET ACTIVATE DataSet1.
DO IF (univ = 1).
```

```
RECODE p1 (1=0.854) (2=0.932) (3=1.025) (4=1.281) INTO weight.
END IF.
EXECUTE.
DATASET ACTIVATE DataSet1.
DO IF (univ = 2).
RECODE p1 (1=0.932) (2=0.976) (3=1.079) (4=1.025) INTO weight.
END IF.
EXECUTE.
```

표본 개체들에 개별적으로 위의 가중치를 부여하기 위해서는 `SPSS Data ▶ Weight Cases`에서 Frequency Variable에 `weight`를 지정하면 된다[부록 A5 참조].

가중치 부여 이후, p2(주거지)와 p3(종교)의 범주비율을 본 결과는 다음과 같다.

주거지: 자기집 73.3%, 하숙집 5.2%, 자취방 11.9%, 기숙사 9.6%.

[Y 대학]: 자기집 75.6%, 하숙집 6.6%, 자취방 10.0%, 기숙사 7.5%.

[K 대학]: 자기집 70.6%, 하숙집 3.8%, 자취방 13.8%, 기숙사 11.8%.

종교: 개신교 33.1%, 천주교 17.3%, 불교 7.1%, 기타 1.2%, 없음 41.3%.

[Y 대학]: 개신교 42.9%, 천주교 12.5%, 불교 6.1%, 기타 1.1%, 없음 37.3%.

[K 대학]: 개신교 23.3%, 천주교 22.0%, 불교 8.1%, 기타 1.2%, 없음 45.4%.

가중치 부여 이후, 지수 c_index와 s_index에 대한 기술 통계는 다음과 같다.

c_index : 평균 31.6, 표준편차 4.3.

[Y 대학]: 평균 32.3, 표준편차 4.2.

[K 대학]: 평균 31.0, 표준편차 4.3.

s_index : 평균 2.4, 표준편차 5.0.

[Y 대학]: 평균 2.1, 표준편차 4.8.

[K 대학]: 평균 2.7, 표준편차 5.2.

층별 빈도 및 기술 통계는 `SPSS Data ▶ Select Cases(If)`로 각 층을 선별한 다음 `SPSS Analyze ▶ Descriptive Statistics ▶ Frequencies` 또는 `Descriptives`를 적용하여 얻는다.

이 사례에서는 가중치 부여 이전과 이후의 차이가 2%p 이내로 크지 않지만 항상 그런 것은 아니다.

3. 교차표 분석

종속변수가 범주형인 경우 그룹 간 유의한 차이가 있는가를 보고자 할 때 사용하는 교차표(cross-tabulation)는 설문지 조사자료 분석에서 가장 흔하게 쓰이는 통계적 방법이다. '소비성향과 성의식 조사'에서 두 대학 사이에 소비성향 문항에서 어떤 차이가 있는가를 살펴보자. 예를 들어 c4 "새로운 패션이나 유행을 빨리 받아 들이는 편이다"에 대한 두 대학 여학생들의 반응을 비교하여 보자 [1=전혀 그렇지 않다, 2=그렇지 않다, 3=보통이다, 4=그렇다, 5=매우 그렇다].

문항 c4	1	2	3	4	5	합계
Y 대학	5	27	36	14	0	82
K 대학	7	38	29	8	0	82

위 교차표는 실제로는 2×4이다. Pearson 카이제곱은 4.59(자유도 3)이고 p-값이 20.5%이다. 따라서 두 그룹 간 '차이'는 유의하지 않은 것으로 보게 된다. 그러나 SPSS 출력을 잘 살펴보면 Linear-by-Linear Association 카이제곱은 4.07(자유도 1)이고 p-값이 4.4%로 유의하다는 부분을 찾을 수 있다. 이것은 열 범주들에 순서대로 1, 2, 3, 4, 5 또는 $-2, -1, 0, +1, +2$의 점수를 부여하였을 때 행 간 차이가 있는가를 보는 카이제곱이다. Pearson 카이제곱이 명목척도의 반응에서 그룹 간 차이가 있는가를 보기 위한 것이라면, Linear-by-Linear Association 카이제곱은 순서척도의 반응에서 그룹 간 차이가 있는가를 보는 목적으로 매우 적합하다. 이 사례에서는 c4에서 Y 대학과 K 대학 간 Linear-by-Linear Association이 유의하므로, 표 내용을 참고하여 Y 대학이 K 대학에 비해 새로운 패션/유행을 빨리 받아들인다고 말할 수 있다.

이상과 같은 교차표 카이제곱 검정은 `SPSS Analyze ▶ Descriptive Statistics ▶ Crosstabs`로 산출된다[부록 A5 참조]. 앞 절에서 `SPSS Data ▶ Weight Cases`에서 가중치 변수를 지정한 바 있는데 그것이 계속 유효한 경우에는 사전에 Do not weight cases로 바꿔놓았어야 한다[부록 A5 참조].

c4 외 다른 소비성향 문항들도 모두 살펴볼 필요가 있다. c9 "옷에 맞춰 액세서리나 구두를 맞춰 착용한다"에 대한 두 대학 여학생들의 반응은 다음 표와 같다[1=전혀 그렇지 않다, 2=그렇지 않다, 3=보통이다, 4=그렇다, 5=매우 그렇다].

문항 c9	1	2	3	4	5	합계
Y 대학	2	5	28	43	4	82
K 대학	1	21	33	24	3	82

이 표에 대한 Pearson 카이제곱은 16.12(자유도 4)이고 p-값이 0.3%, Linear-by-Linear Association 카이제곱은 10.29(자유도 1)이고 p-값이 0.1%로 매우 유의하다. 교차표 내용을 살펴 보면, 이는 Y 대학이 K 대학에 비해 패션 코디네이션에 신경을 쓰는 편이라는 것을 말한다.

c4와 c9 외에 다른 소비성향 문항에서는 유의적 차이가 발견되지 않았다.

한편, 성의식 5점 척도 10개 문항에 대하여도 교차표 분석을 하였는데, 통계적 유의성을 보인 문항은 유일하게 s9 “남자도 결혼 전까지 순결을 지켜야 한다”였다. 대학(univ)과 문항 s9의 교차표가 다음과 같이 나타났다 [1=전혀 그렇지 않다, 2=그렇지 않다, 3=보통이다, 4=그렇다, 5=매우 그렇다].

문항 s9	1	2	3	4	5	합계
Y 대학	2	6	22	28	24	82
K 대학	2	11	6	38	25	82

이 표에 대한 Pearson 카이제곱은 12.15(자유도 4), p-값이 1.6%로 꽤 유의하다. 그러나 Linear-by-Linear Association 카이제곱은 0.28(자유도 1), p-값 60.0%로 거의 무시할 만한 것으로 나타났다. 자유도 1의 Linear-by-Linear Association 카이제곱은 유의하지 않고 자유도 4의 Pearson 카이제곱이 유의하게 나온 매우 특이한 경우이다. 교차표 내용을 살펴보면, 그 원인은 K 대학이 긍정과 부정으로 의견이 나뉜 양봉(bimodal)형의 분포를 보였기 때문이다.

4. t-검정

독립표본 t-검정은 2개 독립적 그룹이 구간척도 또는 비척도 반응에서 평균적 차이가 있는가를 검증하는 통계적 방법이다. 소비성향 지수 c_index와 성의식 지수 s_index에서 대학 간 평균 비교에 관한 t-검정 결과는 다음과 같다.

c_index: [평균 Y 대학 32.34, K 대학 30.95]
$t = 2.082$, $df = 162$, 양측 p-value 3.9%.

s_index: [평균 Y 대학 2.20, K 대학 2.78]
$t = -0.751$, $df = 162$, 양측 p-value 45.4%.

c_index에서 Y 대학이 K 대학보다 다소 높은 평균을 가지고 있고 그 차이가 검증

결과 유의한 것으로 나타났다(단측 p-값 2.0%). 그러나 s_index에서는 통계적으로 유의한 차이가 발견되지 않았다.

이상은 `SPSS Analyze ▶ Compare Means ▶ Independent Samples t-test`로 산출된다[부록 A5 참조].

5. 일반선형모형

독립표본 t-검정은 2개 독립적 그룹 간 배경적 요인(background factor)에서의 차이를 반영하지 못한다. 때문에 조사 자료에 적용되는 경우 검증 결과가 유의한 것으로 나타났다고 하더라도, 이것이 그룹 간 평균 반응의 차이인지 아니면 배경요인 또는 공변량의 차이로 인한 부수적 효과인지가 분명하지 않다. 이를 극복하기 위한 방법으로, 일반선형모형(general linear model)은 다수의 배경요인·공변량이 반응 y에 대한 설명변수로 고려되므로 그룹 간 순수한 차이를 검증해낼 수 있다.

소비성향 지수 c_index와 성의식 지수 s_index에 대하여 대학(univ) 외 학년(p1), 주거형태(p2), 종교(p3) 등의 배경요인을 Fixed Factors로 넣은 일반선형모형을 고려하자. 대학(univ) 효과의 추정치와 t-검정 결과는 다음과 같다(주효과모형).

c_index: [Y 대학 1.497, K 대학 0.000]
$t = 2.153$, $df = 152$, 양측 p-value 3.3%.

s_index: [Y 대학 -0.399, K 대학 0.000]
$t = -0.515$, $df = 152$, 양측 p-value 60.7%.

결과가 독립표본 t-검정 결과와 거의 같게 나타났다. 즉, 학년(p1), 주거형태(p2), 종교(p3)의 두 대학 간 차이를 감안하더라도 소비성향에 있어서 Y 대학이 K 대학에 비해 높게 나타났으며 그 차이가 유의하였다. 그러나 성의식에 있어서는 두 대학 간 차이가 유의하지 않은 것으로 나타났다.

이상은 `SPSS Analyze ▶ General Linear Model ▶ Univariate`로 산출된다(Model에서 Main effects를 지정하고 Options에서 Parameter estimates를 지정) [부록 A5 참조].

6. 신뢰도

1절에서 소비성향 지수 c_index와 성의식 지수 s_index를 정의하여 이제까지 수차례 사용한 바 있는데, 이들 지수들의 신뢰도를 크론바흐의 알파 계수로 평가하여 볼 필요가 있다. 소비성향 지수 c_index의 정의는 c1부터 c10까지의 합으로 하였으므로 SPSS Analyze ▶ Scale ▶ Reliabiltiy Analysis에 투입하는 데 문제가 없다[부록 A5 참조]. 그러나 성의식 지수 s_index에 대한 정의에서 5개 문항 s1, s3, s6, s7, s9의 부호를 바꾸었으므로 SPSS Reliabiltiy Analysis 투입 전에 Recoding 작업이 필요하다. 즉, SPSS Transform ▶ Recode into Same Variables에서 이들 문항의 반응값 1, 2, 3, 4, 5를 각각 5, 4, 3, 2, 1로 바꾸어야 한다(새 파일 Survey_1.sav).

다음은 두 지수의 신뢰도 값이다(크론바흐의 알파).

c_index: 0.600

s_index: 0.645

신뢰도 값이 0.8 이상으로 나타나는 경우 충분히 만족스러운 것으로 볼 수 있다. 위에 나타난 알파 값들은 그렇지 못하다.

7. 상관

두 변수 간 상관을 살펴봄으로써 조사자료에 대한 이해가 심화될 수 있다. '소비성향과 성의식 조사'에서 소비성향 지수 c_index와 성의식 지수 s_index를 도출한 바 있는데, 두 지수 간 상관을 살펴보자. 결과는 다음과 같다.

corr(c_index, s_index) = −0.156 (양측 p-값 4.6%).

이것은 소비성향이 클수록 성의식이 보수적이며 소비성향이 작을수록 성의식이 진보적임을 의미한다(단측 p-값 2.3%). 이러한 발견에 사회심리적 해석을 붙일 수 있다면 훌륭한 이론으로 발전할 수 있다.

이상은 SPSS Analyze ▶ Correlate ▶ Bivariate로 산출된다[부록 A5 참조].

11장. 조사 보고서 Survey Report

조사 보고서는 단순한 결과 보고가 아니라 조사 전체에 대한 기록이다.

조사 보고서는 다음과 같이 구성된다.

1) 겉장: 제목, 조사자, 작성일.
2) 본문: 요약, 차례, 조사방법, 주요 결과
   - 조사방법: 목적, 모집단과 프레임, 조사방식, 표본추출, 설문내용.
   - 실사평가: 질적 지표 (예: 응답률)
   - 자료편집: 유효응답의 결정, 결측값 대체 등
   - 주요결과: 핵심 정보 및 함의
3) 부록: 설문지, 기초통계표 등

조사방법은 충분히 자세하게 기록되어야 한다. 조사방식과 표본추출에 대하여 실제 어떻게 실행되었는지가 정직하게 자세히 기술되어야 한다. 실사 응답률이 측정되고 공표되어야 한다.

설문지는 측정도구이다. 설문지는 조사 보고서의 독자가 조사 결과를 해석하면서 참조할 수 있어야 한다. 그런 이유로 설문지를 조사 보고서에 부록으로 첨부한다.

조사보고서를 완료하고 나서도 몇 가지 마무리할 일이 남아 있다.

첫째, 조사 결과의 프리젠테이션이다. 조사자의 공력을 주변에 제대로 알릴 필요가 있다. 이를 위해 효과적인 커뮤니케이션이 필요하다. 프리젠테이션은 1인극(劇)이다. 포인트가 없는 프리젠테이션은 실패한다.

둘째, 관련 자료의 보관과 정리이다. 응답설문지는 일정기간 동안 보관되어야 한다. 자료 파일과 프로그램 등은 적절하게 정리하여 보관하여야 한다. 여러 차례 편집 작업으로 여러 버전의 파일이 생성되는 경우 이들을 구분하기 위하여 파일명의 일부로 날자를 넣는 방법이 추천된다. 예컨대 `Survey Data 20100625.sav`, `Survey Data 20100626.sav`, `Survey Data 20100627.sav` 등이다.

셋째, 조사 프로세스 전반에 대한 재검토이다. 모집단과 프레임, 표본추출, 설문지, 실사 관련 사후적으로 볼 때 미흡하였던 점들을 정리해두고 차후 개선책을 모색할 필요가 있다. 다음은 조사에서의 4대 오차이다.

1) 비포함 오차(coverage error): 프레임이 모집단 전체를 포함하지 못함으로 인해 발생한다. 모집단과 프레임의 일치도를 검토해볼 필요가 있다.

2) 표본추출 오차(sampling error): 조사를 모집단의 일부인 표본에 국한함으로써 발생한다. 확률적 표본추출의 경우 이 오차는 크기를 예상할 수 있으며 통제가 가능하다. 그러나 비확률적 표본추출의 경우는 그렇지 않다.

3) 측정 오차(measurement error): 설문지가 측정 도구로서 결함을 갖기 때문에 발생한다. 설문이 개선되어야 한다.

4) 무응답 오차(nonresponse error): 이상적으로는 응답률이 100%여야 하지만 실제 그런 조사는 없다. 그러나 응답률이 낮은 조사는 응답자 그룹과 비응답자 그룹 간 체계적인 특성의 차이가 조사 오류로 전이된다.

조사연구에서 정직성과 투명성은 모든 조사자에게 가져야 할 최소요구 사항이다. 조사과정의 정확한 기록은 조사자가 갖춰야 할 중요한 덕목이다.

참고문헌 References

김영원 · 류제복 · 박진우 譯 (2007). ≪표본조사의 이해와 활용≫ 교우사.
(원저: *Elementary Survey Sampling* by R.L. Scheaffer *et al.*)

신창운 (2007). ≪여론을 읽어야 승리한다≫, 중앙북스.

허명회 (2010). ≪조사방법론 강의≫, 자유아카데미.

Groves, R.M., *et al.* (2004). *Survey Methodology.* Wiley.

SPSS Inc. (2004). *Survey Methodology.* SPSS Inc.

SPSS UK Ltd. (2002). *Survey Design Made Simple.* SPSS UK Ltd.

SPSS 사용 관련

허명회 (2008). ≪SPSS를 활용한 통계적 방법론≫, 한나래.

부록 APPENDIX

차례 (Contents)

A1. 유용한 웹 사이트

A2. 논제 (Topics): 조사방법론에서의 대표적인 몇 개의 질문에 대한 답을 제시함.

A3. 여론조사 방법론 -과제와 전망- [대한통계협회 《통계》 33권 1호]

A4. 여론조사, 마법인가 과학인가? [《주간동아》 615호 (2007.12.18)]

A5. SPSS Statistics 사용법 안내: 설문지조사 분석에 필요한 SPSS 안내.

A1. 유용한 웹 사이트 Useful Web Sites

국내

- 한국조사연구학회. http://www.kasr.org/
- 한국통계학회. http://www.kss.or.kr/
- 대한민국 통계청. http://kostat.go.kr/
- 한국조사협회(KORA). http://www.ikora.or.kr/

국외

- American Association for Public Opinion Research (AAPOR). http://www.aapor.org/
- American Statistical Association (ASA) Survey Research Section. http://www.amstat.org/sections/srms/
- European Society for Opinion and Marketing Research (ESOMAR.) http://www.esomar.org/
- Council of American Survey Research Organizations (CASRO). http://www.casro.org/
- World Association for Public Opinion Research (WAPOR). http://www.unl.edu/wapor/
- Statistics Canada (캐나다 통계청) http://www.statcan.gc.ca/
- U.S. Census Bureau (미국 센서스 국) http://www.census.gov/

A2. 논제 Topics

1. 표본추출율이 몇 퍼센트 이상이어야 하나?

모집단의 N개 개체로 구성된 모집단에서 크기 n의 표본을 추출하는 경우 $f = \frac{n}{N}$을 표본추출율(sampling rate)이라고 합니다. 이것이 몇 퍼센트 이상이 되어야 조사 결과가 정확할 것인가를 묻는 질문입니다.

답: 직관과는 다르게 추출율 f는 조사 정확도와는 거의 무관합니다. 조사 정확도는 추출율 f가 아니라 표본 크기 n과 밀접한 관련이 있습니다. 이에 따라 인구가 50,000,000명인 우리나라에서 크기 1,000명인 표본으로 얻을 수 있는 여론조사의 정확도는 인구가 300,000,000명인 미국에서 크기 1,000명인 표본으로 얻을 수 있는 여론조사의 정확도와 거의 같습니다. 모집단이 크다고 그 크기에 상응하는 크기의 표본이 필요한 것은 아닙니다.

2. 확률표본과 비확률표본의 구분

확률표본(probabilistic sample)은 모집단 프레임 내 개체들을 구체적인 확률 메커니즘에 의하여 뽑은 표본이고, 비확률표본(non-probabilistic sample)은 그 외 방법으로 얻어진 표본입니다. 확률표본인지 아닌지를 알기 위해서는 표본을 어떻게 얻었는지 그 과정(process)을 알아보아야 합니다. 비확률표본의 대표적인 예는 판단표본(judgment sample), 편의표본(convenience sample), 할당표본(quota sample) 등입니다.

3. 층화비례표본과 할당표본의 차이

층화비례표본(stratified proportional sample)은 비례배분에 의한 층화표본을 말하는데, 이것은 사전 정의된 층에 층의 크기에 비례하는 표본을 배정하고 각 층에서 임의추출로 얻은 표본입니다. 이것이 현실적으로 어려운 경우에는 전체 모집단에서 임의추출로 표본을 얻고 사후 층화(post-stratification)합니다. 즉, 사후적으로 조사 개체들을 소속 층에 넣습니다. 따라서 사후적 층의 표본 크기는 목표 크기와 다를 수 있습니다. 할당표본(quota sample)은 할당지표와 층화지표가 같은 경우 사후층화 표본과 유사하지만 할당표본은 할당(층)의 표본이 채워진 시점 이후로는 그 할당(층)의 표본 관측을 종료하는 편의적 추출방법입니다.

4. 비확률표본의 표본추출오차

확률표본추출에서만 표본추출오차(sampling errror)를 산출할 수 있습니다. 비확률표본에는 확률론을 적용할 수 없기 때문입니다. 그런 표본추출을 무한히 반복하는 경우 확률표본추출에서는 추정량의 분포가 어떻게 되는지를 알 수 있지만 비확률표본추출에서는 알 수 없습니다. 그러나 표본크기가 작은 경우에는 어차피 표본추출오차도 별 의미가 없기 때문에 표본을 작게 해야 할 경우, 예컨대 FGI(focus group interview; 9항 참조) 또는 설문지 예비테스트 등에서는 판단추출 또는 편의추출과 같은 비확률표본추출을 고려합니다.

5. 우리나라의 전화조사는 할당표본추출인가?

우리나라 전화조사는 대부분 전국 모집단을 지역으로 층화하고 지역 내에서 성·연령대를 기준으로 비례표본을 얻어냅니다. 실사 과정에서 지역 내 특정 성·연령대 조합(칸)이 채워지면 더 이상 그 조합의 개체(응답자)를 조사하지 않습니다. 이 점 때문에 우리나라 전화조사가 할당표본추출로 간주됩니다만 너무 엄밀한 잣대가 적용되었다고 봅니다. 그 이유는 성·연령대 조합을 채우기 위해서 면접원이 응답자를 자의적으로 선택하는 것이 아니라 전화번호부라는 프레임에서 임의표본추출로써 후속 응답자 확보를 시도하기 때문입니다.

6. 할당변수 또는 사후적 층화변수의 선정

할당변수(quota variable) 또는 사후적 층화변수는 조사특성과 밀접한 관련이 있는 변수여야 하고 또한 측정이 어렵지 않아야 합니다. 우리나라 전화조사에서는 일률적으로 지역, 성, 연령대가 쓰이지만 그 외에 직업, 학력, 소득, 가구원 수, 주택유형, 전화번호 등재 여부 등도 추가로 고려될 수 있습니다. 꼭 필요한 변수인데 고려되지 않는다면 그로 인해 표본이 왜곡될 소지가 있습니다. 예컨대 우리나라 전화조사는 낮 시간대 재택자가 과다하게 반영됩니다. 만약 직업이 사후적 층화변수로 추가 고려되면 그런 문제가 다소 완화될 것입니다.

7. RDD 조사

전화번호부를 전화조사를 위한 표본추출 프레임으로 하는 경우 여러 문제가 있습니다. 대표적인 문제가 비포함 오류로 이는 전화번호 비등재(unlisting) 때문에 발생합니다. 우리나라의 비등재율은 40% 정도로 파악되고 있는데, 그 만큼 전화를 갖고 있으되 전화번호부에 등재되어 있지 않은 것입니다. 이를 해결하는 한 방법이 지역번호+국번호 내 0000번부터 9999번까지 모든 번호를 프레임에 넣고 그 중에서 임의숫자를 거는 RDD(Random Digit Dialing) 방법입니다.

8. cell 가중법 vs. rim 가중법

I, J, K를 사후적 층화변수들이라고 하고 이들의 조합(셀, cell)을 (i, j, k)로 표기할 때, cell 가중법은 (i, j, k) 조합에 소속되는 개체들에 가중치

$$w_{ijk} = \frac{\pi_{ijk}}{p_{ijk}}$$

를 부여하는 가중법입니다. 여기서 p_{ijk}는 표본에서 셀 (i, j, k)의 상대적 빈도이고 $\pi_{i,j,k}$는 모집단에서 셀 (i, j, k)의 상대적 빈도입니다. 이 방법은 사후적 층화변수 수가 많아지면 적용이 어려워집니다.

rim (ranking, iterative proportional) 가중법은 수십 번의 가중치 업데이팅을 통해 셀 (i, j, k) 개체 가중치를 부여하는데, 매회 1개씩의 변수를 고려합니다. 즉 1차 가중치 작업에서 변수 I의 주변비율을 맞춰 가중치를 부여하고 2차 가중치 작업에서는 1차 가중치 작업으로 얻은 변수 J의 주변비율을 모집단에 맞추고 3차 가중치 작업에서는 2차 가중치 작업으로 얻은 변수 K의 주변비율을 모집단에 맞춥니다. 그 후로도 계속 이런 사이클을 반복합니다. 이 방법은 사후적 층화변수의 수가 많아지더라도 적용에 문제가 없습니다.

SPSS Korea의 Option Pack에 포함된 '조사표본 가중법'을 활용하면 별도의 코딩 없이 조사자료에 rim 가중치를 만들 수 있습니다.

9. 심층면접과 FGI

심층면접(in-depth interview)은 연구자가 응답자들을 한 명씩 만나서 그들이 해당주제에 대하여 무엇을 생각하는지 특정 상황에서 무엇을 하는지 자유롭게

질의–응답하여 자료를 확보하는 방법입니다. 구조화된 일방적 질문으로 폐쇄적 형태의 응답을 얻어내는 설문지 조사와 대비됩니다.

FGI(Focus Group Interview)는 8-12명의 응답자 그룹에서 1–2시간 사회자가 면접과 토론을 주도적으로 진행하는 연구방법입니다. 한 자리에서 여러 명이 한 주제에 대하여 자신의 생각과 경험을 자유롭게 말하게 되므로 상호작용으로 주제 탐구가 심화되는 효과가 있습니다. FGI는 녹음 · 녹취 · 녹화되고 일방향 거울의 건너 방에서 전문가들이 진행상황을 모니터링합니다. FGI 텍스트를 작성하고 이를 분석하여 결과가 도출됩니다.

심층면접과 FGI는 질적(qualitative) 연구 기법으로 양적(quantitative) 연구 기법인 조사(survey)에 대한 예비적 · 보완적 연구로서 큰 가치가 있습니다.

10. 인터넷 조사

인터넷 조사(웹 조사)에서는 적절한 프레임이 없기 때문에 조사 자원자 패널을 모집하는 것이 보통입니다. 조사 자원자들은 패널 가입 시 지역, 성, 나이, 학력, 직업, 소득수준 등 다양한 인구사회적 정보를 제공합니다. 이를 기반으로 균형화된 표본이 추출되고 표본으로 뽑힌 자원자들에게 e-mail 또는 휴대폰 문자메시지로 설문지 응답요청이 들어갑니다. 이들이 지정된 웹 사이트에 접속하면 설문지가 나타나 이에 응답하는 방식으로 조사가 진행됩니다. 조사 완료 응답자들에게는 소정의 금전적 보상이 제공됩니다.

표본추출 프레임 없이 인터넷 다사용자 중심의 자원자 리스트로부터 표본이 추출되므로 조사결과가 편향됩니다. 대체적 방법으로서, 조사자원자들의 사회심리적 성향을 일반인들의 것과 대비시켜 특정 성향의 사람이 자원자 리스트에 포함될 확률을 구하고 이를 가중치화하여 조사결과를 보정하는 방법이 있습니다(성향조정가중법, propensity adjustment weighting).

11. 휴대폰 조사

1인 가구가 증가하고 낮시간대 재택율이 하향함에 따라 전통적인 전화조사의 효율성이 저하되고 있는 추세에서, 휴대폰 조사는 전화조사에 대한 대안으로 등장하였습니다. 휴대폰 조사도 인터넷 조사와 마찬가지로 적절한 프레임이 없기 때문에 조사 자원자 패널을 모집하는 것이 보통입니다. 조사 자원자들은 패널 가입 시 지역, 성, 나이, 학력, 직업, 소득수준 등 다양한 인구사회적 정보를 제공합니다. 이를 기반으로 균형화된 표본이 추출되고 표본으로 뽑힌 자원자들에게 휴대폰 문자메시지로 조사협조 요청이 갑니다. 이들이 편리한 시간에 조사회사 번호를 호출하면 사전 녹음된 설문이 나옵니다. 이에 응답자가 자신의 응답을 버튼 누름으로 표현하면 됩니다. 조사완료 응답자들에게는 소정의 금전적 보상이 제공됩니다.

12. ARS 조사

ARS 조사는 일반적인 전화조사와 같이 조사회사가 표본 응답자에 전화를 걸지만 응답자가 전화를 받으면 설문지가 녹음되어 나옵니다. 응답은 전화기 버튼 누름으로 합니다. 면접원 없이 실행되므로 조사비용이 저렴하다는 장점이 있습니다. 그러나 설문 수가 작고 질문이 간단한 경우에만 조사가 가능하며 조사 거절율이 높습니다.

13. 공론조사

공론조사(deliberative polling)는 통상적인 여론조사가 대중의 피상적인 생각을 모으는데 불과하다는 비판에 따라 새로 생긴 조사방법입니다. 다음과 같이 몇 개 단계로 구성됩니다.

- 1차적으로 여론조사를 하여 숙고(deliberation) 이전의 의견을 파악합니다.
- 여론조사 응답자 중에서 대표적인 사람들을 패널로 영입합니다.
- 패널원(panel members)에 충분하고 균형 잡힌 정보를 제공하고
- 패널원 간 토론 및 전문가들과의 질의-답변의 장(場)을 갖습니다.
- 숙고(熟考, deliberation)를 거쳐 투표하고 이로부터 결론을 도출합니다.

한 집단(국가/정부, 조직)의 정책적 해결을 위한 방법이 되지만 실행의 공정성이 관건이며 고비용이 단점입니다.

A3. 여론조사 방법론 -과제와 전망- [1]

Opinion Survey Methodology: Current Issues and Perspectives

허명회 (고려대 교수, 통계학. E-mail: stat420@korea.ac.kr)

신문과 TV 등 매스 미디어는 며칠이 멀지 않게 새로운 여론조사 결과를 보도하고 있다. 그 만큼 사회 여론에 대한 일반인들의 관심이 높은 것이다. 뿐만 아니라 주요 정당들이 정당후보 선정에 여론조사 결과를 반영하기도 하는 등, 우리사회에서 여론조사의 역할이 막중하다. 그렇다면 현재 우리사회에서 시행되는 여론조사는 얼마나 정확할까? 이 글의 목적은 우리나라 현재 여론조사의 방법론적 문제점을 검토하고 해결방안을 모색하는 데 있다.

1. 전화조사

2007년 현재 우리나라의 여론조사는 전화조사가 주류이다. 그렇다고 전부 전화조사인 것은 아니고 부분적으로 휴대폰 조사, ARS 조사, 인터넷 조사와 면접조사가 실행되고 있다. 이 절에서는 유선전화(fixed phone)로 실시되는 사회여론조사에 대하여 방법론적 검토를 하고자 한다.

1.1. 표본추출 틀(sampling frame)

우리나라 전화조사의 대부분은 전화번호부 인명부 또는 이것의 디지털 버전인 전화번호부 CD를 표집 틀로 한다. 현재로서는 극히 예외적으로 임의번호걸기(RDD, random digit dialing) 방식의 전화조사가 실시되고 있을 뿐이다. 표본추출 틀로서 전화번호부 CD의 포함율(coverage) 문제부터 살펴보기로 하자.

포함율(coverage)은 표집 틀에 포함된 모집단 개체들의 비율로 정의된다. 여론조사에서 모집단 개체는 개인이라고 할 수 있고 전화조사에서는 가구번호를 추출하게 되므로 전화번호부 포함율에 대한 정의로 다음 두 가지를 생각할 수 있다.

(1) 가구기준 포함율 = 전화번호부에 번호가 있는 가구 수 / 총 가구 수

(2) 개인기준 포함율 = 전화번호부에 번호가 있는 가구내 거주 인구 / 총 인구

1 대한통계협회 《통계》 33권 1호 (2007년 6월) 27-36쪽에서 전재함.

현재 가구기준 포함율 (1)은 60% 정도로 추산되고 있는데(허명회 외 5인, 2006) 좀 더 나은 추정치가 필요하다. 개인기준 포함율인 (2)에 대하여는 아무것도 알려져 있지 않지만 (1)에 비하여는 다소 높을 가능성이 있다. 표본추출 틀의 포함율은 조사자료의 질 평가를 위해 기본적으로 필요하다. 실제 포함율이 정확히 파악되어야 하겠지만 우려할 만큼 낮다는 것은 명확해 보인다. 더욱 우려가 되는 점은 이 비율이 향후 더 낮아질 것이라는 점이다. 왜냐하면 사생활(privacy) 침해 우려·개인정보(confidentiality) 보호에 대한 민감성 증대로 비등재(unlisting) 비율의 증가가 예상되는 외에 1인 가구의 유선전화 비보유 추세가 확대일로에 있기 때문이다.

어떤 조사라도 표본추출 틀의 포함율(coverage)이 완벽할 수는 없다. 그렇다 하더라도 표본추출 틀에 포함된 개체들과 표본추출 틀에 포함되지 않는 개체들 사이에 어떠한 사회적·경제적 차이가 있는가를 밝히는 작업이 필요하다. 요즘은 과거와는 달리 전화 비보유 가구 및 개인을 경제적 빈곤층으로 보기 어렵다. 휴대폰만을 보유하는 1-2인 가구 및 개인일 수 있을 것이고 사생활침해 우려·개인정보 노출에 대해 민감한 계층일 수 있다. 사회적·경제적 이슈에 있어 전화번호부 등재 가구가 비등재 가구와 어떻게·얼마나 다른가를 실증적으로 살펴볼 필요가 있다. 그런 작업이 있어야 현재 전화번호부를 표집 틀로 하는 전화조사가 일반적 편향성을 갖는가 또는 그렇지 않는가를 말할 수 있을 것이다.

1.2. 할당추출(quota sampling)

우리나라 전화조사의 주류는 지역·성·나이대의 각 조합에 전체 표본을 할당하는 방식인데 이러한 할당추출에 대하여 그간 학계는 수차례 문제를 제기하였다(조성겸 1997, 홍내리·허명회 2001, 허명회 2002). 왜냐하면 그것이 재택자에 편중된 결과를 초래할 수 있기 때문이다. 예컨대 허명회 외 2인(2004)에 따르면 우리나라에서 가정주부의 비율은 23.2%(2000년 기준)이지만 그들이 검토한 전화조사 18례에서 가정주부 비율의 평균은 32.1%로서 평균을 8.9%P 초과하였다. 최근 조성겸 외 3인(2007)은 한 조사를 평균과 휴일로 나누어 시행한 결과를 보고하였는데 휴일에서 여성 응답자 중 사무직 종사자 비율이 평일에서는 13.2%였고 휴일에서는 21.8%였다. 인구적·경제사회적 계층 간 재택성향의 차이로 말미암아 할당추출은 조사자료의 왜곡을 초래한다.

한 가지 해결 방법은 할당기준 변수인 지역·성·나이대와 주요 사회적 변수인 교육수준과 직업범주 등을 토대로 조사개체들에 가중치 부여(weighting)를 하는 것이다. 그러나 가중치 부여를 하면 오차한계가 늘어난다. 허명회 외 2인(2004)이 전화조사 18례에서 검토한 바에 의하면 그 증폭비율은 10%에서 20% 정도인데, 이것은 각 조사가 표방하는 오차한계가 실제로는 지켜지지 않음을 말한다.

할당추출에 대한 비판의 다른 한 가지는 이 방법이 확률론에 기반을 둔 현대적 표본추출이론에 의해 지지되지 않는다는 점이다. 할당추출이라도 좋은 할당기준변수가 있고 이에 대한 충분한 경험적 증거가 있어야 이 비판을 물리칠 수 있다. 그런데 현 시점에서 지역 · 성 · 나이대가 재택성향의 차이를 억제하는 정말 좋은 할당기준인가를 물어보자. 어느 누구도 그렇다고 답하기 어려울 것이다.

할당표본추출의 대안으로 임의표본추출(random sampling) 방법이 있지만 그 동안의 시험적 시행에서 일부 현실적 문제가 발견되었다(노규형 · 강홍수 · 한철수 2002; 허명회 · 임여주 · 노규형 2003). 첫째는 이 방법이 많은 재통화(call-back)를 요구하고 재통화 성공률이 낮아 비용과 시간 측면에서 비효율적이라는 점이다. 둘째는 최근생일(last birthday) 방법, 키시 표(Kish table) 등에 의해 접촉 가구내 응답자 선택을 해야 하는데 그것을 실행해내기가 쉽지 않다는 점이다(양승목 · 김현주 · 조성겸, 1991).

허명회 · 황진모(2006)는 재택성향의 불균형을 개선시킨 시간균형할당추출(time-balanced quota sampling) 방법과 저녁시간대 할당을 일부 완화한 시간균형준할당추출(time-balanced quasi-quota sampling) 방법을 제안하였다. 이 방법은 다음과 같다.

- 총 할당표(overall quota table)에 시간대 할당비율을 곱하여 지역 · 성 · 나이대 부할당표(sub-quota table)를 만들고 오후 1시부터 오후 6시 이전 사이에는 이를 기준으로 표본추출을 하는 한편 비재택 가구들의 전화번호 리스트를 만든다. 시간대 할당비율은 조사일이 평일인가, 휴일인가에 따라 다르고 또한 지역 · 성 · 나이대에 따라 다르지만 전체적으로는 평일의 경우 37.1%, 휴일의 경우 53.2%이다.

- 오후 6시 이후에는 낮 시간대 비재택 가구 리스트에서 전화번호를 순서대로 재추출하여 응답자 접촉에 들어가되 지역 · 성 · 나이대 총 할당표를 기준으로 한다.

그들은 또한 통계청의 2004년 '생활시간조사' 자료를 토대로 기존의 지역 · 성 · 나이대 할당에 조사 시간대 할당을 추가함으로써 응답자 선택 편향의 상당 부분이 제거됨을 보였다. 그리고 향후 전화조사에 기존할당추출과 시간균형할당추출을 적용하여 다양한 측면에서 비교해 볼 필요가 있음을 제안하였다.

1.3. 응답률(response rate)

우리나라의 전화조사에서 높은 거절율과 항목 무응답률이 흔히 나타난다. 예컨대 조성겸 외 3인(2007)이 보고한 바에 의하면 2006년 5월의 지방선거 예측조사에서

거절율은 평균 47.1%였다. 여기에 항목 무응답율이 대략 20% 정도가 되므로 실제 응답률은 더 내려간다. 무응답(non-response)을 사후 처리하는 방법은 가중치로 보정하는 방법과 회귀 대체방법 등 여러 방법이 있으나 이처럼 낮은 응답률은 문제일 수밖에 없다. 응답률은 조사결과의 발표시 반드시 공개되어야 하나 우리나라에서는 그런 경우는 거의 없다.

응답률이 왜 낮은가? 가능성은 여러 가지이다. 첫째는 응답자가 자신의 시간 소모와 정보 노출에 상응하는 반대급부를 느껴야 조사에 응하게 되는데 그렇지 않기 때문이다. 금전적인 보상을 유인책으로 할 수 있겠으나 전화조사에서는 그것이 어렵다. 조사 결과가 공중의 이익이 된다는 점을 응답자에게 호소하는 수밖에 별 도리가 없다. 둘째는 과조사 효과(over-surveying effect)이다. 범람하는 통계 조사에 응답자들이 지쳐 나타나는 현상이다. 잘 준비된 조사, 꼭 필요한 조사만 실행되었으면 하는 바람이다.

응답률을 높이기 위한 직접적인 방법은 다중 접촉(multiple contact)이다. 할당추출이라고 하더라도 추출번호에 대한 재통화(call-back) 규칙준수를 함으로써 응답률을 제고시킬 필요가 있다.

1.4. 실사(field work)

모든 통계조사에서 가장 중요한 부분은 실사이다. 전화조사도 예외는 아니다. 최근 주요 조사회사는 CATI(Computer Assisted Telephone Interview) 시설을 갖추었다. 이에 따라 응답 수, 거절 수, 부재 중, 상가/결번/Fax 등 각종 실사 진행 사항을 실시간으로 파악할 수 있게 되었다. 그러나 더욱 중요한 것은 면접원의 자질과 경험이다. 이 측면에서 조사별로, 조사회사마다 상당한 차이가 있을 수 있다. 정밀한 질적 평가를 통해 조사 가격을 차별함으로써 조사회사들이 품질 향상을 위해 스스로 노력할 수 있게 해야 한다. 그럼으로써 조사업계 전체의 수준이 향상될 수 있고 총선거 예측과 같이 대량의 조사를 정해진 품질로 수행해낼 규모 있는 전문 면접원 풀(pool)을 육성할 수 있을 것이다.

1.5. 무엇을 측정하는가?

여론조사는 응답자들의 의견을 측정하는 것이다. 별로 생각해보지 못한 것이 질문되는 경우에도 면접원이 캐어물으면 응답자들은 있지도 않은 의견을 토해낼 수밖에 없다. 최근 우리 사회에서 여론조사들이 너무 이른 시점에서 조사되는 경향이 있다. 예컨대 대통령의 개헌 구상에 대하여 바로 그날 저녁 방송사 뉴스에서 전화조사 결과가 보도된 바 있고 FTA 협상 결과에 대하여도 그렇게 되었다. 실제로 조사회사의 전화를 받은 시각에서 실제 뉴스를 접하지 못한 응답자들이 많았을 터이므로 소위 여론조사에서 조사된 것이 무엇이었는지 명확하지 않다. 아무 것도 아닌 것이 수치화되었다고 여론으로 통용되는 것은 잘못된 일이다. 사람들에게 최소한 하루 이틀 생각할 시간을 주었어야 했다. 주요 정당들이 대통령, 국회의원, 지자체장 선거의 자당 후보를 내는 데 여론조사 결과를 산술적으로 반영하는 것은 문제이다. 언론계와 정치계가 여론조사에 너무 의존하는 경향이 있다. 여론조사가 만능이 아니다. 지나침은 부족함만 못한다.

1.6. 전망과 한계

전화조사에 대하여 앞에서 열거한 몇가지 문제에 대하여는 분명히 개선이 가능하다. 표본추출 틀(전화번호부)의 한계가 임의번호걸기(RDD)에 의하여 실용적으로 해결될 수 있는지 시급히 검토되어야 한다. 할당추출의 문제와 낮은 응답률 문제는 시간균형할당추출 등 체계적인 통화규칙 적용을 통하여 다소 개선될 수 있다. 실사의 질에 대한 평가는 전문적인 조사검증으로 가능하다. 여러 조사회사들이 ISO 인증을 받았거나 받는 중에 있지만 이것은 최소 기준일 뿐이다.

이와 같이 현재 전화로 하는 여론조사에 대하여 다각적인 개선이 가능하다. 그러나 전화조사가 불특정 시간에 응답자의 사생활에 침투하므로 미래 세대에서는 조사여건이 더욱 악화될 것으로 보인다. 여론조사가 측정한다고 하는 응답자의 생각에 실체가 있는지 어느 정도 회의적인 부분이 없지 않다. 이와 같은 여건에서 조사관련 학계와 업계가 고려하는 대안은 인터넷 조사와 모바일 조사, 공론조사이다. 이들 대안적 방법에 대하여는 다음 절에서 다루기로 한다. (ARS 조사도 대안적 방안으로 대두되지만 이 방법에 대한 학술적 평가는 유보하기로 한다. 오직 연구자가 잘 알지 못하기 때문이다).

2. 인터넷 조사

인터넷 조사에는 여러 방식이 있지만(김영원·변종석 2001) 현재 우리나라 전문회사에서 자리 잡은 인터넷 조사의 표준은 표본 응답자들에 메일 또는 휴대폰 문자 메시지(SMS)를 보내 조사에 응해줄 것을 부탁하면 응답자는 조사회사 웹에 접속하여 주어진 설문지에 응답하는 방식이다.

2.1. 표본추출

표본추출은 각 조사회사가 모집한 패널에서 일부를 선택하는 방식으로 된다. 패널은 조사회사 홈페이지에서 회원가입을 통해 만들어지는데, 이때 주민등록번호, 학력, 직업 등 기본 인구·사회경제적 정보가 기록된다. 결국 조사회사는 인터넷 다(多)사용자(heavy user) 중 자발적 응답자(voluntary respondent) 모집을 하는 것이므로 목표 모집단(target population)과 표본 모집단(sampled population) 사이에 심각한 차이가 생길 수 있다. 그러나 지역·성·나이대 등 기본적인 인구사회적 요인은 층화 배분을 통하여 해결될 수 있고 더 나아가 학력·직업 등도 가중치를 써서 보정할 수 있다(허명회·윤영아·이용구 2004). 그렇지만 인터넷 다사용자이면서 자발적 응답자들이 갖는 고유한 특성은 남는다. 성향조정가중법(propensity adjustment weighting)으로써 편향을 일부 바로잡을 수 있는데, 이 방법을 간략히 설명하면 다음과 같다(Rosenbaum and Rubin 1983, 조성겸·강남준 2003).

인터넷 패널과 일반인을 대상으로 정치성향을 보수-진보의 축에서 5점 척도로 조사한 결과가 다음과 같다고 하자(1 = 보수, $\cdots$, 5 = 진보).

	1	2	3	4	5	합계
인터넷 패널 (A)	4%	10%	36%	30%	20%	100%
일반인 대상 (B)	10%	20%	40%	20%	10%	100%
빈도 비: A/B	0.4	0.5	0.9	1.5	2.0	
가중치 W(=B/A)	2.5	2.0	1.11	0.67	0.50	

여기서 범주 1의 구성비가 인터넷 패널은 4%(=A)인 반면 일반인 집단은 10%(=B)이므로 그 비는 0.4(=A/B)이다. 즉 인터넷 패널에서는 범주 1이 너무 작은 것이다. 따라서 이 범주에 속하는 인터넷 패널 응답자를 그 역수인 2.5(=B/A)로 가중(weighting)할 필요가 있다. 반면, 범주 5의 구성비는 인터넷 패널이 20%(=A)이고 일반인 집단은 10%(=B)이므로 그 비는 2.0(=A/B)이다. 따라서 이 범주에 속하는 인터넷 패널 응답자를 그 역수인 0.50(=B/A)으로 가중된다. 이와 같은 식으로 범주 2, 3, 4에 속하는 인터넷 패널 응답자는 각각 2.0, 1.11, 0.67의 가중치가 붙는다. 이와 같이 성향조정가중법으로써 인터넷 패널의 편향성을 보정할 수 있다.

앞의 예에서는 '정치성향'을 기준으로 인터넷 패널과 일반인 집단의 성향을 보정하였는데 실제로 무엇을 기준으로 것이 맞는가하는 문제가 남는다. 여론조사의 테마가 정치인가, 경제인가, 사회인가, 문화인가에 따라 다를 것이다. 성향지표 설문을 어느 정도 구체적으로 하느냐도 관건이다. 여하튼, 이런 식으로 보정이 가능하고 성공사례도 보고된 바 있다(Taylor 2000).

이 방법이 성공하기 위해서는 대표성 있고 규모 있는 일반인 대상 조사가 전제된다. 정기적으로 대규모 기초조사를 확률적 표본추출로 해야 할 것인데 시간과 비용이 현실적 문제로 남는다.

2.2. 응답자 편의성

인터넷 조사는 전화조사에 비해 사생활 침해 정도가 훨씬 덜하다. 응답자는 자신이 편리한 장소와 시각에 설문지에 응답할 수 있다. 응답자는 자신의 수고에 비례하는 금전적 보상을 받는다. 자기기입식(self-administered) 설문지이므로 숙고(熟考, deliberative thinking)가 필요한 질문도 할 수 있다. 웹 설문지가 나가므로 컬러 그래픽스와 동영상의 활용이 가능하다. 이런 모든 측면에서 전화조사보다 낫다. 그렇지만 응답률이 전화조사에 비해 못할 수 있다. 응답률 제고를 위한 노력과 전략이 필요하다(Dillman 2007)

2.3. 전망과 한계

인터넷 조사는 한 때 인터넷 붐을 타고 많은 관심을 받았으나 기대하였던 것보다는 덜 신속하고 비용도 많이 들고 일부 인구·사회적 계층에는 접근이 어렵다는 점 때문에 현재 일반여론조사에는 제한적으로만 활용되고 있다. 기대수준의 현실화가 필요하다.

인터넷 조사의 장점은 앞에서 언급한 바 사생활 침해도가 덜 하고 응답자 보상을 한다는 점, 응답자가 숙고할 시공간을 제공한다는 점 등이다. 따라서 응답률 제고를 위한 제반 조치를 취하고 패널 교체 및 관리를 정기화하고 성향조정가중법에 대한 노하우가 축적되는 경우 조사방법으로 점차 확고한 자리를 잡을 것으로 전망된다.

3. 휴대폰 조사

휴대폰 조사는 조사회사가 응답자들에 문자 메시지(SMS)를 보내 조사에 응해줄 것을 부탁하면 응답자는 조사회사의 자동응답시스템, 즉 ARS(automatic response system)에 접속하여 녹음된 설문에 대한 응답을 번호로 전송하는 방식으로 이루어진다.

3.1. 표본추출

휴대폰 조사에서도 표본추출은 각 조사회사가 모집한 패널에서 이루어지는 것이 현실이다. 즉 조사회사는 홈페이지에서 회원가입 배너를 걸어 예비 응답자를 확보한다. 이 때 인터넷 사용자·자발적 응답자들이 갖는 고유한 편향이 생길 수 있으므로 성향조정가중법으로 보정할 필요가 있다(조성겸·강남준 2003). 모집단 대표성을 제대로 확보하기 위해서는 응답자 패널을 지역추출(area sampling)에 의한 확률표집을 해야 한다. 즉 확률표본추출법으로 가구를 표집하고 면접원 방문을 통하여 응답자 패널을 확보하는 것인데, 관건은 응답가구 접촉률 및 패널 동의율이다. 가구방문 횟수를 충분히 크게 잡아야 하고 임의선택된 가구원 대다수의 동의를 받아내야 한다. 패널 기간과 조사 횟수는 일정기준으로 제한된다. 이런 방식의 패널 확보는 고비용(high cost)을 요구한다.

3.2. 응답자 편의성

휴대폰 조사도 일반 전화조사에 비해 사생활 침해 정도가 훨씬 덜하다. 응답자는 자신이 편리한 시각에 설문지에 응답할 수 있고 자신의 기여에 비례하는 금전적 보상을 받는다. 다만 ARS 방식으로 운영되므로 짧은 설문지만 가능할 것이다. 다소 긴 설문지라면 조사회사에서 실제 면접원이 전화를 받는 방식도 생각할 수 있다.

3.3. 전망과 한계

휴대폰 조사는 전통적인 전화조사가 갖는 여러 난점들, 예컨대 낮은 재택률과 접촉률, 사생활 침해, 응답자 동기의 결여 등을 해결하는 조사방법이다. 다만, 표본추출을 임의선택(random selection)으로 하기가 저비용으로는 어렵다는 점이 문제이다. 그럼에도 불구하고 일반인들의 개인적 통신수단이 일반전화에서 휴대폰으로 바뀌고 있는 추세 때문에 결국은 전화조사를 대체할 것으로 보인다. 현실적인 방법론 개발이 절실하다.

4. 공론조사

공론조사(公論調査, deliberative poll, http://cdd.stanford.edu)는 미국의 James Fishkin에 의해 개발된 조사방법론으로(Jowell, Fishkin and Luskin, 2000) 현재의 여론조사가 피상적인 생각을 모아놓은 것에 불과할 수 있다는 비판에서 시작한다. Fishkin은 사람들이 충분하고 균형된 정보를 접하고 전문가의 주장을 듣고 다른 사람들과 토론하는 과정을 거쳐야 비로써 공공 이슈에 대한 개인의 의견이 형성된다고 주장한다. 공론조사 방법론은 다음과 같다.

- 1차 조사: 전화조사 등 일반적인 표본추출과 조사방법으로 응답자들의 기초적인 인구·사회적 사항과 사전 의견을 조사한다.

- 패널 선정: 기초조사 응답자 중에서 패널 모임에 포함될 일부, 즉 패널 표본을 선정하고 참여하도록 설득한다. 패널 표본은 인구·사회적 요인 측면에서 모집단과 일치하여야 하고 사전 의견도 기초조사 결과와 유사해야 한다. 패널 모임에 참석하는 응답자들에게는 식사와 숙소, 일정한 보상비가 지급된다.

- 패널 심의: 패널 모임 참석자에게 균형된 자료와 정보를 제공하고 의제관련 상반된 입장의 전문가 주장을 청취한다. 패널 모임 참석자들을 다수의 소규모 그룹으로 나뉘어 토론을 한 뒤 전체 모임에서 전문가들과 질의응답을 하고 사후 의견을 조사한다.

우리나라에서 공론조사가 검토된 바 있는데, 2003년 북한산 관통 터널에 대하여 사회적 논란이 붙자 건교부 주관 하에 공론조사가 해결 방안으로 제안되었으나 불교계의 반발로 무산되었다. 실패 원인은 이 문제에 대한 반대 측의 입장이 너무 확고하고 감정이 쌓인 시점에 이르러 더 이상 합리적 토론이 불가능한 상태가 되었다는 데 있다. 그 이후 2005년 재경부 주관으로 부동산 정책에 대한 소규모 공론조사가 있었다(1차 조사 511명, 패널 모임 47명). 전문서도 1권 출판되었다(피시킨 著, 김원용 譯 2003). 미국, 영국, 호주, 유럽 등지에서는 에너지 문제, 범죄 문제, 정치제도 문제, 경제 문제 등 다양한 문제해결에 적용된 바 있다(김영민 2005).

이 조사방법은 여론조사에 대한 대안(alternative)이라기보다 사회적 합의를 이끌어 내는 보완적 방법으로 보는 것이 옳겠다. 여론조사 결과를 직접 사회적 결정에 투입하기보다는 한 단계의 숙성 과정을 거칠 필요가 있다는 것이 공론조사의 핵심 아이디어이다. 조사비용이 많이 들기는 하지만, 우리나라에서도 사회갈등 해결 및 합리적 정책결정을 위해 이 방법을 적극 시도해볼 필요가 있다고 본다.

5. 선거예측과 출구조사

선거예측(election forecasting)은 여론조사의 꽃이라고 할 만하다. 예측의 정확도를 선거관리위원회 개표결과와 대조하여 알 수 있기 때문이다. 선거예측은 주로 전화조사와 선거일 투표소 출구조사로 구성된다. 앞에서 이미 전화조사에 대하여는 검토한 바 있는데, 선거예측과 관련하여 핵심적인 사항은 조사거절자 및 지지후보 무응답자 처리 방법이다. 조사거절 및 무응답에 대한 사회심리적 요인으로는 침묵의 나선(spiral of silence)이 꼽히고 있지만 좀 더 세밀한 연구가 필요하다.

출구조사(exit poll)는 투표소 출구에서 투표자를 대상으로 투표한 후보를 묻는 방식의 조사로서 선거일 방송에서 큰 역할을 하고 있다. 지난 10여 년간 대통령 선거와 지방 선거에서는 정확하였지만 국회의원 선거에서는 부정확한 결과를 내어 사회적 물의를 빚은바 있다. 선거예측과 출구조사에 대하여는 그 동안 몇 차례 학술적인 검토가 있었고(홍내리 · 허명회 2001, 김정훈 2003, 조성겸 · 김지연 2004, 김영원 · 엄윤희 2005) 특히 2006년도 지방선거를 계기로 KBS/SBS 선거예측조사 자문단(고려대 허명회 교수, 서울대 이준웅 교수, 숙명여대 김영원 교수, 연세대 김재광 교수)이 출구조사에 대한 몇 가지 중요한 방법론적 틀을 잡았다. 그들은 투표소 추출방법으로 조사업계가 관행적으로 사용해온 대표구 추출보다는 층화계통추출이 낫다는 데 견해를 같이 하였고 예측값에 대한 표본추출오차 산출식을 제시하였으며 무응답의 원인과 보정방법, 앞으로의 과제 등을 토의하였다. 김영원 · 김지현(2007)에 최근 업데이트된 출구조사 방법론이 정리되어 있다. 향후 국회의원 선거에서 예측이 성공해야 하는 것이 남은 과업인데 조사회사의 실사관리 능력과 조사거절자 및 무응답자 처리 방법이 관건이 될 것으로 보인다.

6. 결언

이상 여론조사의 방법론에 대하여 검토하였다. 현재 주 방법론인 전화조사는 표본추출 틀, 할당추출의 재택자 편향성, 사생활권 민감화 등으로 중대한 도전을 받고 있어 시의적절한 대응이 요청된다. 임의숫자걸기(RDD), 할당추출의 보완, 면접원의 자질 향상 등에서 뚜렷한 개선이 없는 한 사멸할 가능성이 있다.

전화조사에 대한 대안적 방법인 인터넷 조사와 휴대폰 조사는 사생활 침해가 전화조사에 비해 훨씬 덜한 만큼 차세대에서는 주 방법론으로 등장할 것으로 예상된다. 다만 자발적 가입자 패널은 특정한 편향을 가질 수 있으므로 이를 보정할 유효한 성향조정가중법이 개발되어야 한다.

여론조사의 범람은 장기적으로 조사업계에게도 결코 바람직하지 않다. 여론조사를 직접 한 사회의 의사결정에 투입하는 것은 성급한 일이다. 이를 위해서는 공론조사와 같은 숙성 과정이 필요하다.

한 마디로 줄여, 우리나라 여론조사가 발전하기 위해서는 조사 과정이 질적으로 평가되고 향상되어야 하는데 사회가 이에 수반되는 비용을 부담해야 하고 조사관련 업계와 학계는 최선의 방법론을 개발하는 등 모두의 관심과 노력이 필요하다.

참고문헌

김영민 (2005). “매트릭스 사회에서의 대의기구의 역할변화에 관한 연구”. 한국의회발전연구회 연구보고서.

김영원 · 김지현 (2007). “2006년 지방선거 출구조사 현황 및 예측오차”. 《조사연구》 8(1). 55-79.

김영원 · 엄윤희 (2005). “출구조사를 위한 투표소 확률추출 방법”. 《조사연구》 6(2). 1-32.

김영원 · 변종석 (2001). “인터넷 조사에서 표본추출 동향 및 문제점”, 《인터넷 조사》 나남 출판사. 36-55.

김정훈 (2003). “선거예측과 출구조사: 16대 대선을 중심으로”, 《조사연구》 4(2). 87-102.

노규형 · 강홍수 · 한철수 (2002). “임의표집법에 의거한 전화조사의 시도: 2002년 울산시장선거의 경우”, 《조사연구》 3(2). 77-90.

양승목 · 김현주 · 조성겸 (1991). “전화조사에서 가구내 응답자의 무선적 확률표집에 관한 연구: CNU 선정표의 타당성과 실용성의 검토”, 《신문학보》 26. 189-214.

조성겸 (1997). “대통령 선거 여론조사와 할당표집 방법의 문제점”, 《언론과 사회》 18. 29-53.

조성겸 · 강남준 (2003). “대안적 사회여론조사 방법: 모바일 조사방법의 가능성 검토”, 《조사연구》 4(1). 1-29.

조성겸 · 김지연 (2004). “제17대 총선 예측조사의 문제: 조사거절자와 응답불성실자 편향을 중심으로”. 《조사연구》 5(2). 3-29.

조성겸 · 김지연 · 나윤정 · 이명진 (2007). “선거시기 전화여론조사의 문제점과 개선방향: 2006년 지방선거를 중심으로”. 《조사연구》 8(1). 31-54.

피시킨(J.S. Fishkin) 著 (2003, 김원용 譯). 《민주주의와 공론조사》. 이화여대 출판부.

허명회 (2002). “선거여론조사 방법론 소고”, 《한국분류학회지》 5권. 109-119.

허명회 · 윤영아 · 이용구 (2004). “사회조사에서 표본의 왜곡과 가중치 보정의 결과: 18개 사례 연구”, 《조사연구》 5(2). 31-47.

허명회 · 임여주 · 노규형 (2003). “전화조사에서 재통화 규칙준수와 응답자 임의선택의 영향: R&R 울산 사례의 통계적 재분석”, 《응용통계연구》 16. 247-259.

허명회 · 조성호 · 이인규 · 김규성 · 강현철 · 양경숙 (2006). "TV 시청률 조사에 대한 검증 연구", 한국방송광고공사 연구보고서.

허명회 · 황진모 (2006). "전화조사를 위한 시간균형할당표본추출", 《조사연구》 7(2). 39-52.

홍내리 · 허명회 (2001). "제 16대 국회의원 선거의 예측조사에 대한 사후적 검증", 《조사연구》 2(1). 1-35.

Dillman, D.A. (2007). *Mail and Internet Surveys: The Tailored Design Method*, Second Edition. Wiley.

Jowell, R., Fishkin, J. and Luskin, R. (2000) "Deliberative polling and public consultation," *Parliamentary Affairs*, 53. 657-666.

Rosenbaum, P.R. and Rubin, D.R. (1983). "The central role of the propensity score in observational studies for causal effect," *Biometrika* 70. 41-55.

Taylor, H. (2000). "Does Internet research works · Comparing on-line survey results with telephone surveys," *International Journal of Market Research* 42 (1). 51-63.

A4. 여론조사, 마법인가 과학인가?[1]

OPINON POLL, MAGIC OR SCIENCE?

許明會 (고려대학교 교수, 통계학)

우리나라의 선거, 여론조사에 너무 의존하고 있다

12월 19일 새 대통령이 선출되면, 우리 모두 이번 선거가 어떠했는지 되돌아볼 필요가 있을 것같다. 여러 장면이 주마등처럼 스쳐가겠지만 그 중 빠지지 않을 것이 여론조사 보도가 아닐까 싶다. 소수점 아래 첫째 자리까지 나오는 수치의 마법에 대선 후자는 물론 일반인들도 어쩔 줄 몰라 했다. 정당의 경선과정에서 쟁쟁한 장수들이 수치의 단칼에 쓰러졌고 후보가 되어서도 수치의 위력에 몸이 굳었다. 여론조사가 우리들의 마음을 정말 읽은 것일까?

언론사들이 의뢰하여 조사전문기관이 시행하는 여론조사는 대부분 전화면접으로 이루어진다. 전화번호 표본은 전화번호부에서 나오고 대부분의 전화면접은 낮에 시작하여 당일 저녁 9시 정도에 종료된다. 때문에 두 가지 문제가 생긴다.

20%의 응답률, 관측 표본은 빙산의 일각

첫 번째 문제는 전화번호부에 모든 가구가 등재되어 있지 않다는 점이다. 유선전화가 없는 가구, 휴대폰만 가진 가구는 물론 개인정보 보호를 염두에 두어 전화번호를 등재하지 않는 가구는 포함되지 않으므로 우리나라 전체 가구의 40% 이상이 조사에서 원천적으로 배제된다. 다른 말로 하자면, 현재의 전화면접조사로는 표본의 크기를 몇 백만으로 한다고 하더라도 기껏해야 60% 국민의 의견만 모으는 셈이 된다.

두 번째 문제는 전화면접이 낮 시간에 집중되기 때문에 평일 조사의 경우 낮에 집에 머물지 않는 사람들이 조사에서 배제된다는 점이다. 낮 시간에 직장과 업소에 머무르는 회사원과 자영업자들은 당연히 조사되기 힘들다. 다행스럽게도 조사기관들이 성과 연령대에 할당을 주어 표본을 뽑으므로 조사 표본에 특정 성·연령대가 과다하게 반영되지는 않는다. 동일 성·연령대 사람들이 직업에 관계없이 같은 여론을 갖는다면 문제가 없지만, 동일 성·연령대에서는 정치적 성향이 직업과 무관하다는 가설은 아직까지 검토된 바 없다. 대선 후보들이 사회적 계층 간 갈등을 부추기는 최근 상황에서 이러한 가설은 검증 없이 받아들이기에는 너무 위험성이 크다.

---

1 《주간동아》 615호 (2007.12.18), 34-35쪽에서 전재함.

조사전문가들이 조사 자료의 질을 따질 때 첫 번째로 보는 것이 응답률이다. 응답률은 유효한 표본 번호 가운데 실제 응답을 얻어낸 표본 수의 비율로 정의된다. 따라서 집에 있지 않아 통화가 되지 않은 가구가 많거나 통화가 되었더라도 통화자의 거절이 빈번한 경우에는 응답률이 낮아지게 된다. 현재 대다수 전화면접조사의 응답률은 20%를 넘지 못한다. 응답률이 20%라면 5,000명을 목표로 조사하기 시작했지만 현실적 이유로 4,000명은 조사되지 않았고 1,000명만 조사되었음을 말한다. 관측된 표본은 빙산의 일각인 것이다.

물론 조사되지 않은 사람들이 조사에 응한 사람들과 같은 여론을 갖는다면 문제는 없다. 그러나 이것도 아무런 검증 없이 믿기에는 너무 위험한 가설이다. 현재 우리나라의 전화면접조사에서는 면접에 응한 응답자 수와 거절한 사람 수가 엇비슷하다. 조사를 거절하는 이유는 단순한 개인주의적 성향에서부터 최근 정치 판도가 못마땅해서 마음을 닫은 사람들의 토라진 심리 등 여러 가지가 있을 수 있는데, 이에 대하여 여론조사는 속수무책이다. 한 예로 소위 '탄핵' 정국에서 치러진 2004년 총선의 경우 여론조사로는 참패가 예상된 한나라당이 실제로는 선전하였던 것을 들 수 있다. 그 원인은 심리적으로 위축된 보수층이 조사에서 침묵하였기 때문이었다.

합당한 활용, 과학화와 사회적 성숙 필요

이상과 같이 현재 우리가 접하는 여론조사에는 작지 않은 구멍들이 있다. 그런데도 불구하고 우리 사회는 주요정당의 경선과정에서 응당 당원들이 해야 할 책무의 한 몫을 여론조사에 넘겼고 시도 때도 없이 하루 만에 전국 유권자들의 마음을 읽어 숫자로 나타내라고 요구한다. 여론조사를 혹사시키고 있는 것이다. 과일 깎는 칼로 연필도 깎고 대들보도 다듬으라고 한다.

여론조사를 사회적 도구로 잘 키워나가려면 여론조사에 합당한 대우를 해주고 이를 합당하게 활용해야 한다. 몇 가지 우리 사회가 해야 할 일은 다음과 같다. 첫째, 사실상 투표라고 할 수 있는 정당 경선에 여론조사를 이용하지 말아야 한다. 이것은 여론조사를 오용하는 것이다. 둘째, 조사를 2-3일에 걸쳐 보다 충실하게 수행하여야 한다. 당일조사에는 재택자 편향이 불가피하게 개입된다. 서두르지 말자. 셋째, 조사 자료의 질을 따져 양질의 자료에는 그에 상응하는 값으로 보상해야 한다. 품질로 경쟁해야 하는데 현재는 저가 경쟁뿐이다.

여론조사의 진정한 과학화를 위해서는 개인들이 해야 할 일도 있다. 첫째, 주요언론사가 후원하고 조사전문기관이 수행하는 경우라면 조사에 성실하게 협조해 주길 부탁한다. 모든 개인이 나 혼자쯤이야 하면서 조사를 기피한다면 그 결과는 뻔하지 않겠는가? 여론조사 결과는 모두가 공유해야 할 중요한 사회 정보이다. 둘째, 조사 결과를 과신하지 말아야 한다. 조사결과가 소수점 아래 한자리까지 정확한 것은 아니다. 확률적으로 예상되는 오차 범위가 있을 뿐 아니라 보이지 않는 오차도 숨어 있다. 공표된 오차 범위에 더 여유를 두면서 조사수치를 읽을 필요가 있다.

여론조사 보도기사를 쓰는 언론사 기자들에게는 다음 두 가지를 취재해보길 권한다. 조사기관에 오후 6-7시 이전과 이후에 조사된 응답자 수를 물어보라. 만약 평일에 수행한 조사에서 낮 시간대 응답자 수가 전체 표본의 50%를 넘는다면 그것은 편향된 결과일 가능성이 있다. 또한 조사된 응답자 수를 얻기까지 조사를 거절한 사람이 몇 명인지 물어보라. 만약 그 수가 상당하다면 거절자의 사회적 심리가 무엇인지 숙고하여 기사를 써야 한다.

"오용과 남용을 막자"는 말은 약에만 해당하는 것이 아니다. 우리 사회의 마법처럼 떠오른 여론조사도 마찬가지이다. 여론조사의 과학화와 사회적 성숙이 필요한 때이다.

A5. SPSS STATISTICS 사용법 안내

A SHORT GUIDE TO SPSS STATISTICS

SPSS Statistics 초보 사용자를 위해 설문지조사 분석에 필요한 간략한 안내를 하고자 한다. 다룰 내용은 텍스트 자료 읽기, 변수 계산, 가중 케이스, 케이스 선택, 중복 케이스 식별, 빈도분석, 기술통계, 교차표, 이변량 상관, 독립표본 t-검정, 일변량 일반선형모형, 신뢰도분석 등이다. SPSS Statistics의 V18 영문판을 기준으로 하였다.

1. 텍스트 자료 읽기 (Read Text Data)

SPSS Statistics(이하 SPSS로 약칭)는 다양한 종류의 파일을 wizard를 통해 읽을 수 있다. 일례로서 텍스트 파일인 `Survey.txt`를 Text Import Wizard를 통해 읽어 보기로 한다.

Step 1 of 6. Does your text file match a predefined format? Yes, "No"

Step 2 of 6. How are your variables arranged? Delimited, "Fixed Width"

* 변수 사이가 comma, tab, space 등으로 구분된 경우는 'Delimted'를 선택.

Are variable names included at the top of your file? Yes, "No"

* 자료 파일의 첫 줄에 변수 명이 들어 있는 경우는 'Yes'를 선택.

Step 3 of 6. The first case begins on which line number? "1"

* 첫번째 케이스가 시작되는 줄(line, 行) 번호.

How many lines represent a case? "1"

* 케이스 1개 차지하는 줄(line, 行)의 수.

How many cases do you want to import?

"All of the cases", The first ___ cases, ...

* 몇 개의 케이스를 읽을 것인가? 전부인가, 아니면 특정 개수인가?

Step 4 of 6. Specify where each variable begins?

* 그림 1은 12번째 변수가 지정된 중간 상황을 보여준다.
이 변수의 끝은 13번째 열이다. 마우스를 클릭해도 된다.

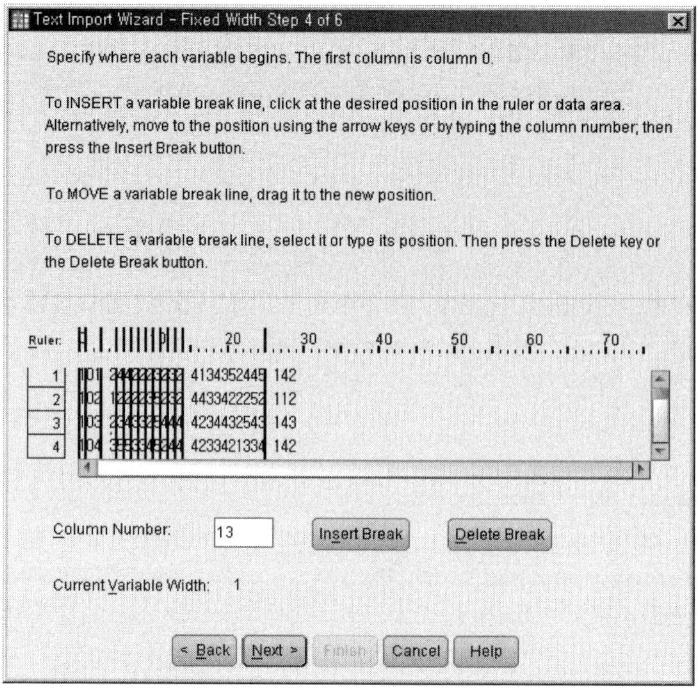

그림 1: `SPSS File`의 `Read Text Data`, Step 4 of 6

Step 5 of 6. Specification for variables selected in the data preview.

* 변수 명과 형태를 넣을 수 있으나 건너뛰어도 된다. `Data Editor`의 `Variable View` 탭에서 수정하는 편이 더 편리하다.

Step 6 of 6. Would you like to save this file format for future use? Yes, "No"

Would you like to paste the syntax? Yes, "No"

* 명령문(syntax)을 남기고자 하는 경우 'Yes'를 선택한다.

2. 변수 계산 (`Compute Variable`)

`SPSS Transform` ▶ `Compute Variable`에서 새로운 변수(지수)를 만들 수 있다. 용법은

Target Variable = *Numerical Expression*

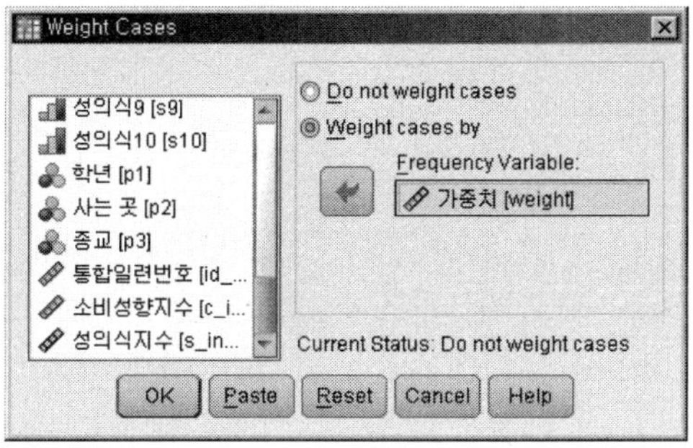

그림 2: SPSS Data의 Weight Cases

이다. 예를 들면

$$c\_index = c1 + c2 + c3 + c4 + c5 + c6 + c7 + c8 + c9 + c10$$

$$log\_popltn = LG10(popltn)$$

등이다. 전자는 기존변수 c1부터 c10까지의 새 변수 c_index를 정의하고 후자는 기존변수 popltn의 밑수 10 로그(logarithm, 대수)로 새 변수 log_popltn를 정의한다.

3. 가중 케이스 (Weight Cases)

SPSS Data ▶ Weight Cases에서 가중치로 쓸 빈도 변수를 지정하거나 해제할 수 있다. 현재 상태(Current Status)를 확인할 필요가 있다. 그림 2를 보라.

4. 케이스 선택 (Select Cases)

SPSS Data ▶ Select Cases에서 특정 조건을 만족하는 케이스들을 선택하여 분석에 포함시키고 나머지는 제외시킬 수 있다. If condition is satistifed에서 특정 조건을 지정한다. 그림 3을 보라.

5. 중복 케이스 식별 (Identify Duplicate Cases)

SPSS Data ▶ Identify Duplicate Cases로 중복 케이스를 탐지해낼 수 있다. 케이스 식별 변수를 Define matching cases by에 지정하면 된다. 중복 케이스는 PrimaryLast 또는 PrimaryFirst가 0의 값을 취한다. 그림 4를 보라.

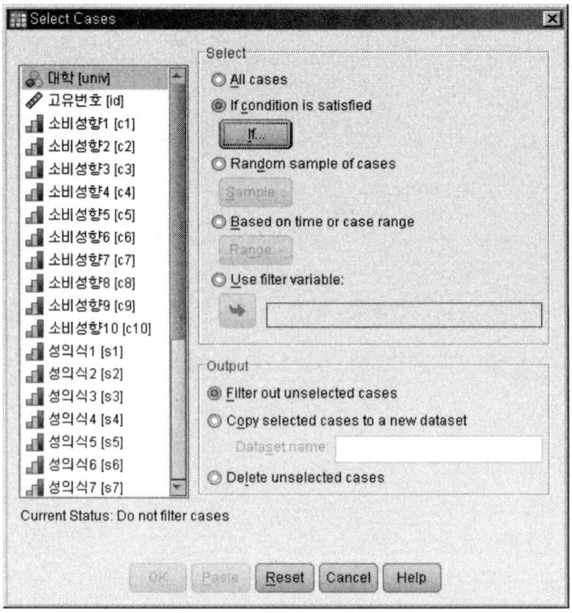

그림 3: SPSS Data의 Select Cases

6. 빈도분석 (Frequencies)

SPSS Analyze ▶ Descriptive Statistics ▶ Frequencies에 들어가 빈도분석을 할 수 있다. Variable에 빈도 정보가 요구되는 범주형 변수를 지정하면 된다. Format 막대를 누르면 코드 값의 오름값 순(Order by Ascending values) 또는 내림값 순(Order by Descending values)를 선택할 수 있다. 그림 5를 보라.

7. 기술통계 (Descriptives)

SPSS Analyze ▶ Descriptive Statistics ▶ Descriptives에 들어가 기술통계를 구할 수 있다. Variable에 최소값, 최대값, 평균, 표준편차 등 기술통계 산출이 요구되는 수치형 변수를 지정하면 된다.

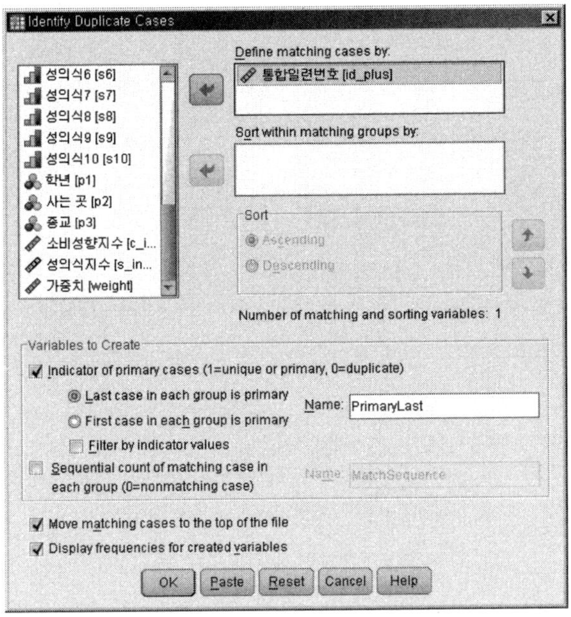

그림 4: SPSS Data의 Identify Duplicate Cases

8. 교차표 (Crosstabs)

SPSS Analyze ▶ Descriptive Statistics ▶ Crosstabs에 들어가 Row 변수와 Column 변수를 지정하면 교차표가 만들어진다. Cells 막대에서 Row Percentages를 지정하면 각 행에서의 열 범주 퍼센트가 출력되고 Statistics 막대에서 Chi-square를 지정하면 카이제곱 통계량과 p-값이 출력된다.

9. 이변량 상관 (Bivariate Correlation)

SPSS Analyze ▶ Correlate ▶ Bivariate에 들어가 이변량 상관계수를 구할 수 있다. Pearson 계수 외에 Kendall tau-b 계수와 Spearman 계수 등을 구할 수 있고 단측(one-sided) p-값과 양측(two-sided) p-값 중에서 택일할 수 있다.

* 통계적 가설검정에서 p-값(p-value)은 영가설(null hypothesis) 하에서 관측된 사건 또는 그 사건보다 더 영가설에 반(反)하는 사건들에 대한 확률을 말한다. 표본상관 R이 $r\,(>0)$로 관측되었다고 하자. 모상관 ρ에 대한 영가설이 $H_0 : \rho = 0$이고 대안가설(alternative hypothesis)이 $H_0 : \rho > 0$인 경

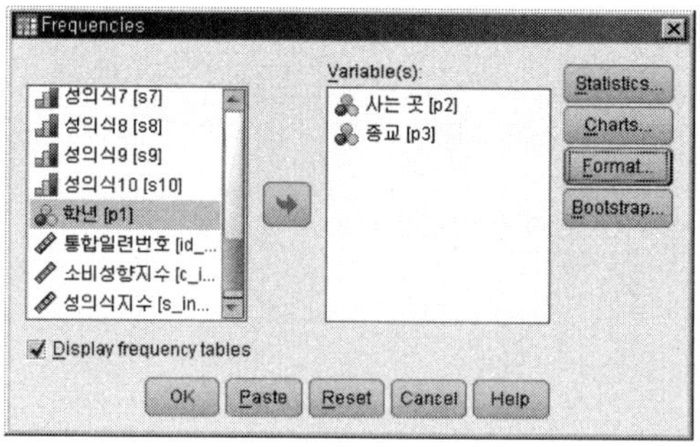

그림 5: SPSS Analyze Descriptive Statistics의 Frequencies

우 p-값은 $P\{ R \geq r \mid H_0 \}$ 이다(단측 p-값). 그러나 대안가설이 $H_0 : \rho \neq 0$ 인 경우 p-값은 $P\{ R \geq r \text{ or } R \leq -r \mid H_0 \}$이다(양측 p-값). 양측 p-값은 단측 p-값의 2배이다.

10. 독립표본 t-검정 (Independent-Samples t-Test)

SPSS Analyze ▶ Compare Means ▶ Independent Samples t-Test로 독립표본 t-검정을 할 수 있다. Independent Samples t-Test 창에서 Test Variable에 y 변수를 넣고 Grouping Variable에 그룹을 넣는다.

11. 일변량 일반선형모형 (Univariate General Linear Model)

SPSS Analyze ▶ General Linear Model ▶ Univariate로 일변량 일반선형모형 분석을 할 수 있다. Dependent Variable에 y 변수를 넣고 이에 대한 설명변수들을 Fixed Factors, Random Factors, Covariates 중 하나에 넣는다. Fixed Factor는 고정수준의 범주형 설명요인이고 Random Factor는 수준이 임의로 실현된 범주형 설명요인이다. 그리고 Covariate은 연속형 설명변수이다. Model에서 Main effects, Full Factorial 등의 모형을 지정할 수 있다. 그림 6와 그림 7을 보라.

12. 신뢰도분석 (Reliability Analysis)

SPSS Analyze ▶ Scale ▶ Reliabiltiy Analysis로 합계형 지수에 대한 크론바흐 알파를 산출할 수 있다. Statistics 막대에서 Scale if item deleted는 지수에서 항목(변수)이 1개씩 제외됨에 따라 달라지는 알파 값을 보여준다.

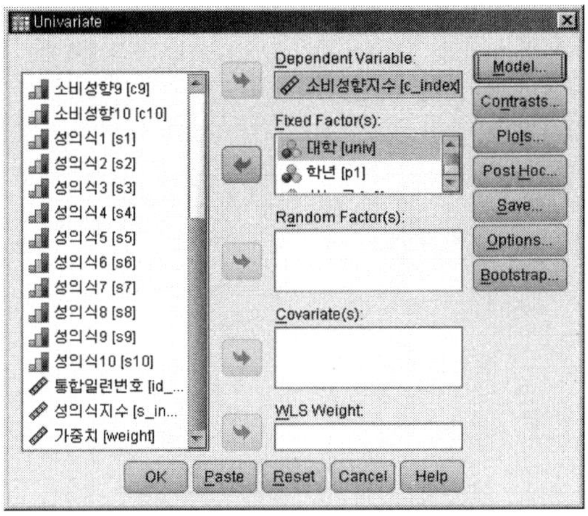

그림 6: SPSS Analyze General Linear Model의 Univariate

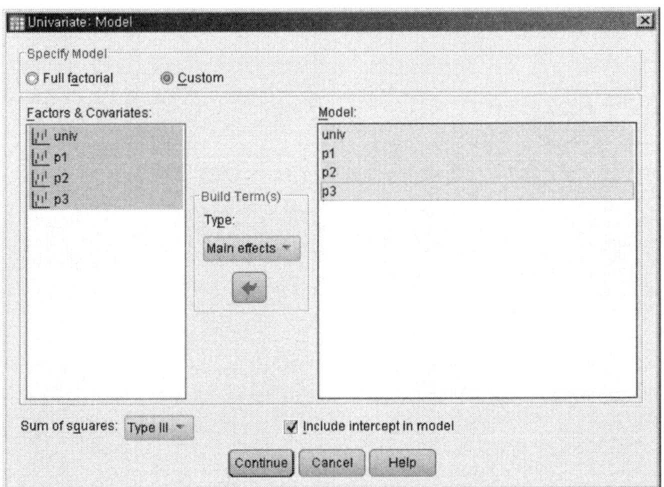

그림 7: SPSS Analyze General Linear Model의 Univariate: Model

실습 자료 DATA FILES

다음 자료 파일들을 출판사 홈페이지에서 내려받아 본문설명을 따라해 보세요.

한나래출판사, http://www.hannarae.net/.

내려받기에 문제가 있는 경우에는 저자가 e-mail로 보내드릴 수 있습니다.

허명회, stat420@korea.ac.kr.

five_items.sav

Survey.sav

Survey.txt

Survey.xls

Survey_Err.sav

Survey_1.sav

찾아보기 Index

가중화 55 / 개방형 질문 35 / 계통추출 20 / 공론조사 73, 82 / 과조사효과 39 / 교차표 57, 95 / 구간척도 27

내용 타당성 31 / 네이만 배정 21

단순임의표본추출 19 / 대표성 19

림(rim) 가중법 71

면대면 조사 14 / 면접원 훈련 44 / 명목척도 27 / 모른다(DK) 34, / 모집단 13 / 무응답 39 / 무응답률 40 / 무응답 오차 62

보고서 61 / 복합표본추출 22 / 비례배정 21 / 비척도 27 / 비포함 오차 62 / 비확률표본 69

사전 테스트 33, 43 / 사회적 편익 40 / 사후 층화 69 / 선다형 질문 34 / 성향조정 가중법 72, 80 / 순서척도 27 / 신뢰성 29, 60, 96 / 실사 45, 78 / 심층면접 71

RDD 조사 71 / 알파 30 / ARS 조사 73 / FGI 71 / 예비조사 43 / 우편조사 14 / 웹 조사 14, 72 / 의견 없음 34 / 응답률 15, 39, 40, 77 / 인센티브 45 / 인터넷 조사 14, 71, 79 / 일반선형모형 59, 96

자기기입식 설문지 35 / 자기선택표본추출 25 / 전화조사 14, 70, 75 / 조사 7 / 조사윤리 9 / 집락표본추출 22

체계적 추출 20 / 최적배정 21 / 추적조사 17 / 측정 27 / 측정 오차 62 / 층화비례표본 69 / 층화임의표본추출 20 / 친밀성 45 / 침묵의 나선 41

칸(cell) 가중법 41, 71 / 크론바흐 알파 30

타당성 31 / 통계적 집계 53 / 통계적 기술 53 / t-검정 58, 96

패널 이탈 18 / 패널 조건화 18 / 패널 조사 17 / 포함율 75 / 표본크기 25 / 표본추출 19 / 표본추출 오차 62, 69 / 프리젠테이션 61

할당표본추출 24, 69, 70, 76 / 해당 없음(NA) 34 / 확률표본 69 / 회귀대체 41 / 휴대폰 조사 72, 81

SPSS Statistics 용어

Compute Variable 23, 51, 54, 92

Correlate 60, 95

Crosstabs 57, 95

Data Editor 23, 45, 50

Descriptives 51, 54, 56, 94

Frequencies 51, 53, 56, 94

General Linear Model 59, 96

Identify Duplicate Cases 52, 93

Missing Value Analysis 42

Read Text Data 50, 91

Recode 55, 60

Reliability Analysis 60, 96

Select Cases 53, 54, 56, 93

t-Test 59, 96

Weight Cases 56, 57, 93